서로를
다치게 하지 않고
살아가는 중

9인의 청년과 9인의 작가가 함께 쓴 관계의 기록

청년 이야기

- ● <가까워지려 노력할수록 멀어진 관계> 단우 9
- ✿ <어차피 가시는 뭉툭해질테니까> 오다정 59
- ★ <어론 님> 장아연 93
- ▲ <가시나무> 김다솔 127
- ♦ <문득 마주친 노인의 눈빛에는> 최현성 161
- ⬟ <우리에게도 이름은 있다> 김범화 227
- ■ <당신에게 보낼 수 있는 건 축의금 오만 원> 서민영 261
- Ⅱ <유효기간; 계약일로부터 2년> 박이수 311
- ⚜ <시나브로, 우리는 함께> 김성호 361

| 단 | 우 |

가까워지려 노력할수록 멀어진 관계

  대학 시절 한 수업에서 J라는 친구를 만났다. 그의 첫인상은 '나와 다른 세계의 사람'이었다. 솔직하고 똑 부러진 성격에, 패션과 뷰티에 관심이 많아 정말 잘 꾸미고 다녔다. 반면에 나는 어디에서도 솔직하지 못하고 우유부단한 성격에 대학교에 들어와 처음으로 화장을 배운, 패션의 ㅍ자도 모르는 사람이었다. 나와는 정 반대의 삶을 살 것 같은 사람이 내게 관심을 갖고 다가와 주니 나 역시 가까워지고 싶다는 생각이 들었다.
  J는 항상 먼저 연락해 만나자고 제안했고, SNS에서 유명한 맛

집이나 카페에 데려가 주었다. 누군가에게 먼저 연락하는 걸 잘 못하는 성격이라, 그런 배려와 적극적인 태도가 고마웠다. 그와 만나면 매 순간 '인싸들은 이런 곳에서 노는구나…'라는 생각을 했던 것 같다. 힙하고 세련된 카페나 음식점, 소품샵 등을 여럿 알게 되었다. 이렇게 새로운 경험을 하는 게 신선했고 순간 순간 즐거움도 느꼈다.

하지만 시간이 지나면서 내가 점점 지쳐가는 걸 느꼈다. J를 만날 때면 그의 수준에 맞는 친구가 되어야 한다는 생각에 꾸밀 수 있는 최대한도로 꾸미고 나갔다. 내게 관심을 보여준 만큼 그를 실망시키고 싶지 않았다. 그래서 조금이라도 내 코디가 이상하다고 생각하거나, 화장이 잘 안됐다고 느끼면 J를 만나는 내내 신경이 쓰였다. '내 옷이 촌스럽다고 생각하면 어떻게 하지?', '화장이 이상하다고 생각할까?'와 같은 생각들이 머릿속을 맴돌았다.

그는 실제로 SNS 팔로워도 많았는데 그런 만큼 만나면 사진을 많이 찍어줘야 했다. 사진을 찍어주는 것은 문제가 되지 않았다. 다만 함께 있는 시간에도 잘 나온 사진을 고르고 당장 SNS에 올릴 사진을 수정하느라 대화가 계속 끊어지는 게 신경이 쓰였다. J가 오랜 시간 휴대폰을 볼 때마다, 내가 너무 멀뚱히 있으면 신경 쓰일까 봐 볼 것도 없는데 괜히 핸드폰 화면을 켜서 보는 척을 하곤 했다. 같이 놀려고 만났는데 서로 휴대폰만 보고 있는 상황이 의아했지만 이게 J가 친구와 어울리는 방식이겠거니 생각했다.

 J의 솔직한 성격도 처음엔 멋지다고 생각했지만 그 솔직함이 비수가 되어 내 마음에 꽂히기도 했다. 그는 내가 누군가에게 휘둘리거나 거절하지 못했던 이야기를 들으면 "너 진짜 바보야?"라며 나를 다그쳤다. 그런 반응이 당황스러웠지만 진심으로 내 편을 들어주느라 그랬던 거라고 생각하려 했다. 그러나 이후에도 내 고민을 털어놓을 때마다 J는 이해하지 못하거나 답답해하는 반응을 보였고, 상처받은 나는 점점 더 속마음을 감추게 되었다. 우리의 대화를 그나마 이어주었던 것이 내 이야기였는

데 내 얘길 하지 않자 할 말이 더 없어졌다. 그는 정작 자기 얘기는 하지 않았기에 평소 뭘 하며 지내는지, 요즘 관심 있는 주제는 무엇인지도 알 수 없었다. 진짜 속마음을 털어놓지 않는 우리의 대화는 늘 얕은 수준에서 끝이 났다. J를 만나고 집에 온 날은 즐거움이나 충만함 보다 허탈함이 느껴졌다. 어떤 대화를 했었는지 기억도 잘 나지 않았다.

 그뿐만이 아니었다. 나는 약속시간보다 30분에서 1시간 정도 일찍 도착하는 편인데, J는 항상 약속시간보다 1~2시간씩 늦었기에 매번 긴 시간을 기다려야 했다. 그는 막차시간까지 노는 걸 좋아했지만 나는 늦은 밤까지 노는 것도, 계속 누군가와 함께 있어야 하는 것도 힘들었다. 한 번쯤은 "나는 약속 시간에 늦는 걸 싫어해"라거나 "일찍 집에 가고 싶어"라고 솔직히 말하고 싶었다. 하지만 이런 말을 했다가 불편한 관계가 될까 봐 망설이다 아무 말도 하지 못했다. 그럴수록 내 안의 피로감은 더 커져갔다.
 매번 이런 식으로 J에게 맞춰주다 보니 시간이 갈수록 그는 나를 더 편하게 여겼고 정말 친한 친구라고 생각했다. 그런 말을 들을 때마다 미안했다. 솔직히 말하면 나는 J와 가깝다고 생각하지 않았다. 이런 마음을 가지고 있으면서도 그와의 만남을 이어간 건, 매번 먼저 연락해 주는 그에 대한 고마움과 '우리 사이에 쌓여가는 시간이 있으니 가까워질 수 있지 않을까?'라는 희망이 있었기 때문이다. 그러나 7년이란 시간이 흘렀음에도 우리의 관계는 똑같았고, J를 만나고 오는 날이면 어김없이 하루 종일 쌓인 피로와 스트레스로 녹초가 되었다.

너무 지쳐서 누군가를 맞춰줄 에너지도 남아있지 않았던 시기에 J에게 만나자고 연락이 왔다. 연락을 본 순간 엄청난 부담감이 몰려왔다. 만난다는 생각만 해도 스트레스를 받았다. 고민 끝에 내 상황이 힘들다는 핑계를 대며 당분간 만나기 어렵다고 이야기했다. 상황이 나아지면 다시 보자고 했지만, 우리는 아직도 만나지 않고 있다.

J에게 더 솔직했으면 어땠을까? 내가 싫다고 느꼈던 것들,

내가 느낀 피로감을 털어놓았다면 우리의 관계는 달라졌을까? 하지만 나는 그때도 지금도 그럴 용기가 없다. 바꾸기엔 너무 멀리 와버렸다. 긴 시간 그가 원하는 모습만 보여준 것도 내 선택이었는데, 이제 와서 '나는 네가 여태까지 봐온 그런 사람이 아니야. 사실 네가 불편했어.'라고 말하며 상처를 준다면 너무 이기적인 것 아닌가. 그리고 무엇보다 내 속마음을 털어놨을 때 상대의 상처받은 얼굴을 마주하는 게 두렵다.

 그와의 관계는 내게 가르쳐 주었다. 가까워지고 싶어 상대에게 잘 보이려 했던 내 행동이 오히려 나를 상대에게서 멀어지게 만들었다는걸. 그리고 가까운 관계란 서로를 있는 그대로 보여주고 받아들일 때 가능하다는걸. J를 떠올리면 더 가까워질 수 있었던 관계를 내가 일방적으로 놔버린 것 같아 여전히 미안하다. 내 피로감에 짐을 얹은 것도, 끝내 솔직하지 못했던 것도 J가 아닌 나였다. 내가 조금 더 용기 냈더라면, 조금 더 솔직했더라면, 가까움과 멀어짐의 경계에서 다른 선택을 할 수 있었을까? 나는 아직도 그 답을 찾아 헤매고 있다.

이 학 민

오브제

 사무실 문을 열자 고성이 들려왔다. 소리의 출처는 대표실인 듯했다. 점심시간이 끝나지 않아서인지 사무실에는 아무도 없었다. 윤서도 자리를 비우는 편이 낫겠다고 판단했다. 그때 대표실 문이 열리고 누군가 걸어 나왔다. 엘리나였다. 붉어진 얼굴로 출구를 향하던 그가 문 앞에 멈춰 선 채 돌아보지 않고 말했다.

윤서 씨도 사람에 너무 애쓰지 말아요.

 엘리나는 진지한 얘기를 할 때만 '윤서 씨'라고 불렀다. 보통은 '제이미'로 호명했다. 직급 없이 영어 이름으로 부르기. 그건 사내 문화인데 처음부터 그랬던 건 아니라고 했다. 언젠가 대표가 미국 유학 출신 스타트업 대표 조찬 모임에 다녀온 뒤로 하명했다지. 그 이야기를 윤서에게 해준 것도 엘리나였다.
 창립 멤버 중 하나였던 엘리나는 사람에 애쓰지 말라는 그 말만

남기고 회사를 떠났다. 공백을 체감하는 데에는 이틀이면 충분했다. 그의 단독 업무 '이 계절의 작가전' 때문이었다. 담당자가 사라졌지만 무산될 거라 예상한 사람은 아무도 없었다. 회연시에 건립한 마을 갤러리의 리뉴얼이 한창인 점, 대표가 리뉴얼 후 첫 전시 작가를 야심 차게 선정해 둔 점, 그리고 그 작가가 최근 주목받기 시작한, 그래서 대표가 탐내는 작가라는 점을 보면 그랬다.

예상대로 대표는 누군가 그 일을 승계 받길 원했고, 윤서가 자원했다. 남들이 꺼리는 일을 도맡는 건 윤서의 고질이었고, 늘 이런 식으로 고생을 자처해 왔으니 새삼스러울 건 없었다.

윤서는 이곳에서 문학·작문 파트를 담당했다. 예술가를 섭외해 대중문화 프로그램을 기획하는 곳에서 경력과 함께 문학적 역량은 성장했지만, 미술은 여전히 문외한이었다. 전시회 방문도 해마다 두세 번. 서울 시청역이나 소격동에서 누군가를 기다릴 때 들르는 정도였다. 대표가 '픽'한 '해나'라는 작가도 생경했다. 요즘 뜨는 작가라는 것. 〈고양이〉라는 작품이 핀터레스트에서 화제가 되었다는 것. 윤서가 아는 건 그게 다였다.

'이제부터 알아가면 되겠지.' 4주 완성 글쓰기 클래스, 임페리얼 콘도와 함께하는 여행 산문 만들기, 나를 찾는 낭독의 밤 등 자신이 기획한 프로그램들과 비슷하게 접근하면 될 것 같았다. 슬랙을 켜고 일정을 조율하는 일부터 시작했다.

이미 킥오프 된 거니까 컨택해서 메이드만 하면 됩니다. 그 뒤엔 저한테 토스해 주면 되니까 어렵지 않을 거예요.

 대표의 말은 허언이 아닌 듯했다. 꼼꼼한 전임자 엘리나가 이미 제안서 초고를 만들어두었고, 그 안엔 작가의 이메일과 연락처도 기재돼 있었다. 미팅 전에 작가의 얼굴을 익혀두려고 인스타그램을 열었다. 스크롤을 계속 내려도 작품 사진뿐이었다. 프로필 링크 트리를 눌러 보니, 기획 전시가 열릴 시기에는 별다른 일정이 적혀 있지 않았다.

'해나, 이 사람도 이름이 해나네.' 세상엔 같은 이름을 가진 사람이 많지만, 윤서는 그게 꼭 좋은 일만은 아니라고 생각했다. 구글에 '고양이' '작가' '해나'라는 단어를 차례로 입력하고 이미지 탭을 눌렀을 때, 비로소 알았다. 그 작가 해나가 자신이 아는 그 유해나라는 사실을.

*

둘의 인연을 이야기하려면 대학시절로 돌아가야한다.

첫 학기를 마친 윤서는 완전히 지쳐있었다. 짧은 시간에 너무 많은 사람을 만난 탓도 있었지만, 진짜 이유는 윤서의 태도였다.

모든 사람에게 맞춰 주려고 애쓰니까 늘 피곤하지.

오래된 친구의 말대로 윤서는 누구에게나 상냥했고 배려가 몸에 배어 있었다. 궁금해도 묻지 않았고, 섣불리 조언하지도 않았다. 반대로 자신 때문에 누군가 불편을 겪으면 자책사할 듯 괴로워했다. 누굴 만나도 피곤할 팔자, 그게 윤서였다.

 맞춰 주니 다가오는 사람이 많았다. 주요 고객은 고민이 생긴 과 동기들. 밤마다 이어지는 독대. 문제는 해결되지 않았지만, 해소된 얼굴로 귀가하는 친구들을 볼 때마다 윤서는 보람과 부담을 동시에 느꼈다. 그런 주제에 매일 맞춰 주기를 반복하니 체력이 축날 수밖에. 친구들의 연락에 숨어버리고 싶은 날도 많았다. 연락받지 않는 이유를 설명하는 일이 가장 난감했다. 이유가 없을 때 상대가 수긍할 만한 이유를 만드는 수고를 감내하는 것도.

 결국 2학기부터는 거리를 두기로 했다. 교양 과목만큼은 동기들이 선호하지 않는 것들로 시간표를 채웠다. 그중 한 수업에서 해나를 만났다. 나중에 안 것이지만, 해나는 학교에서 '회화과 개'로 통했단다. 윤서는 과 동기에 그 얘기를 듣고서 가만히 고개를 주억였다.

해나가 강의실에 들어올 때마다 반대편 통창으로 빛이 들었다. 윤서는 그 빛이 해나에게로 향하는 게 아니라 해나로부터 뿜어져 나오는 것처럼 보인 적이 한두 번이 아니었다. 희고 투명한 피부, 광대와 하관이 도드라지지 않은 매끈한 얼굴선, 길고 곧은 몸 선, 깔끔하게 위로 올려 묶은 머리카락을 보고 있자면 인스타그램 피드가 걸어오는 것 같기도 했다. 강의실 문이 열릴 때마다 묘한 기대가 일었다. 그런 종류의 기대감은 윤서가 살아오며 처음 느껴본 종류의 감정이었다.
그리고 어느 날, 인간스타그램이 말을 걸어왔다.

여기 앉아도 되죠?

 조별 과제를 하다 보면 알게 된다. 인간이 어디까지 희생할 수 있는지, 또 얼마만큼 무책임할 수 있는지. 윤서는 언제나 전자를 현시하는 인물이었다. 그런 그를 투미하게 보는 시선이 많았다. 고등학교 때는 착한척한다느니 다 가식이라느니 하는 식의 험담도 종종 들었다. 그래도 뜻 없는 윤서의 진심을 알아봐 주는 친구도 간혹 있긴 했다. 대학에서 만난 해나도 처음엔 그랬다.
 종강을 앞둔 어느 날, 해나가 저녁을 같이 먹지 않겠냐고 물었다. 여럿이 모이는 자리인줄 알고 수락했는데, 약속 장소엔 해나 혼자 있었다. 동갑이니 말을 놓자면서, 저녁 먹고 술도 한잔하자고 했다. 윤서는 좀처럼 실감이 나지 않았다. 해나는 다른 세상 사람 같았으니까. 요컨대 크리스마스 시즌 백화점 명품관에 놓인 오브제 같았다. 근사하게 바라볼 뿐, 욕심낸 적 없다는 점에서. 반면 해나는 처음부터 윤서가 마음에 들었다고 했다. 정확히 설명할 수 없지만 사람을 편하게 해주는 데 능한 것 같다며

너는 착해, 정말 착해.

 그 말을 여러 번 반복했고, 그날을 기점으로 윤서의 세계는 조금씩 해나의 색으로 물들어 갔다. 해나 덕분에 윤서는 스마트폰 화면에서나 보던 예쁜 카페나 소품숍에 처음 가봤다. 모르고 살아도 문제없지만, 알고 나면 일상이 윤택해지는 맛집과 힙한 옷가게도 여럿 알게 되었다. 그뿐만이 아니었다. 해나는 윤서를 화

장의 세계로도 데려갔다.

 윤서가 중학생 때 일이다. 엄마와 올리브영에 갔다가 반 친구들을 만난 적 있다. 그들은 화장품을 보고 있었다. 집에 돌아온 후 엄마는 화장에 무심한 윤서를 칭찬했다. 윤서는 그때부터 계속, 무심하고 싶었다. 파우더는 땀띠 날 때만 바르던 그때의 정윤서는 해나를 만난 뒤 역사의 뒤안길로 사라졌다. 이제는 종종 '컨실러 어디 거 써요?', '나는 왜 제이미처럼 매트하게 안 되지?' 같은 말을 듣고 산다. 윤서의 코스메틱 부흥기는 해나가 만든 것이나 다름없으리라.

너는 내가 모르던 세계를 보여준 사람이야.

 언젠가 술에 취해 얼굴이 발그레해진 윤서가 그렇게 말했을 때, 해나는 목젖이 보일 만큼 호탕하게 웃었다. 외모를 배반하는 언동. 윤서는 그게 남들은 모르는 해나의 진짜 매력이라고 생각했다. 윤서가 보기에 해나는 뭐랄까. 또래 같지 않다고 해야 하나.

그 나이 또래에게선 보기 드문 태연함과 여유가 해나에게 있었다. 주견이 없는 편인 윤서는, 어떤 상황에서도 굽힘 없고 난처해하지 않는 해나를 보면서 자주 부러웠고 가끔 서운했다.

 그 인연은 졸업 후에도 이어지다 어느 겨울 끝났다. 인연을 밀어내는 법을 몰랐던 윤서가 처음 거리를 둔 사람, 그게 작가 유해나였다.

*

 해나의 최근작, 회화 작품 시리즈 〈오브제〉는 대표가 사는 아파트 갤러리에서 지난봄 처음 공개됐다. 한 평론가는 이렇게 평했다.

 '같은 대상이라도 사람마다 부여하는 의미가 다름을 표현한 작품'이라면서 이렇게 덧붙였다. '어떤 사물의 쓰임은 곁에 두는 것으로 끝난다. 대답도, 반응도 하지 않는 객체로서 함께한다.

반면 어떤 사물은 독립적이다. 외부에서 의미를 부여하지 않아도 스스로 완전히 존재하여 곁에 있는 인간에게 영향을 준다.'

 문장을 읽는 윤서의 미간이 일그러졌다. 윤서의 눈엔 그저 의자나 탁자 위에 덩그러니 놓인 신발, 카메라, 돌 같은 물건들이 퍽 외롭게만 보일 뿐 다른 의미는 발견하지 못했기 때문이었다.

제이미, 제안서 보냈어요?
아, 오늘 중으로 보내려고요.

 멀어지는 대표의 뒷모습을 확인한 윤서는 임시 저장해 둔 메일 창을 열었다. 작성은 끝났고, 제안서도 첨부해 두었으니 보내기만 하면 됐다. 담당자가 되겠다고 자원한 처지였지만, 협업 대상을 알고 나서는 주저하기를 여러 번. 그렇다고 이제 와 무를 수도 없었다. 이십 분쯤 고민하던 윤서는 엘리나를 떠올리며 전송 버튼을 눌렀다.
 퇴사한 엘리나는 윤서의 전 직장 사수였고, 윤서는 그를 몇 안 되는 '진짜 선배'로 여겼다. 두 번째 회사였던 그 직장에서 벌어진 일이다. 바쁜 일정 탓에 동료의 부탁을 거절한 적 있었다. 주말 내내 마음에 걸려 그 동료의 부모님이 운영하는 카페를 찾아갔다. 차로 한 시간 거리였다. 다음 날 동료가 물었다.

윤서 씨 어제 저희 카페 다녀가셨다면서요?

 그런 행동이 비웃음을 살 줄 그때는 몰랐다. 다른 동료들은 설마 그 먼 데까지 일부러 찾아간 거냐며 웃어댔다. 말끝마다 비소가 묻어 있었다. 그때 가만히 지켜보던 엘리나가 말했다.

다들 몰랐어요? 윤서 씨 카페 투어가 취미잖아요. 나도 저번에 윤서 씨가 추천해 준 카페 가봤는데 정말 근사하더라고요. 그런 근사한 데이터는 여기저기 자주 찾아다니지 않고는 못 만들지.

 엘리나는 그 후로도 종종 윤서가 사원들과의 거리 조정에 애를 먹을 때마다 다가와 두둔해 주었다. 그러다가 먼저 회사를 옮겼고, 윤서에게도 이직을 권유해 지금 회사에서 함께 일하던 거였다. 이제 '진짜 선배'는 떠났고, 그가 진행하던 프로그램만 남았다. 윤서는 잘 해내고 싶었다. 그게 예의라고 생각했다.

 오후에 해나에게서 답장이 왔다. 윤서를 작업실로 초대한다는 내용이었다.

그린라이트네요. 혹시 제안서 보낼 때 내 기사도 같이 보냈어요?
아니요.
다음엔 그렇게 해요. 그게 효과가 좋아요.

 대표의 앓는 소리가 또 시작됐다. 윤서는 생각했다. '그래 저건 아픈 거다. 생명엔 지장 없지만, 꾸준히 현현하는 지병. 자아비대증. 그래도 화내는 것보단 낫잖아.'

 주말이 지나고 날이 밝았다. 윤서는 지난밤 잠을 좀 설쳤다. 해나가 자신을 어떻게 대할지 감이 오지 않았다. 뭘 준비해 갈까 고민하다 결국 빈손으로 지하철을 탔다. 외부 협업 첫 미팅 때는 책이나 다이어리, 꽃이나 초콜릿 같이 작은 선물을 챙기곤 했는데 오늘은 손에 잡히는 게 없었다. 윤서는 해나에 대해 아는 게 없다는 생각이 들었다.

 작업실 입구에는 전신 거울이 놓여 있었다. 이것도 작품인가, 넘겨짚다 거울에 비친 자신을 무연히 바라보았다. 어떤 옷을 입고 가지, 화장은 괜찮나, 해나를 만나기로 한 날마다 고민했다. 그때가 떠올라 헛웃음 짓다가 문득 불어오는 바람에 외투를 여몄다. 숨을 들이마시자 찬 기운이 폐로 가득 들어찼다. 차다 못해 추운 계절이 오고 있었다. 몸이 조금 떨렸다.

왔어?

 해나는 어제 만난 사람처럼 태연한 얼굴로 윤서를 반겼다. 과거를 끌고 와 원망하거나 퇴짜를 놓으면 어쩌나 걱정했는데 기우였다. 윤서는 해나가 타 준 커피를 홀짝이며 작업실을 둘러보았다. 바닥에는 장난감 자동차와 하츄핑 인형이 널브러져 있었고, 박스와 테이프도 여기저기 굴러다녔다. 자기 몫의 커피를 들고 해나가 자리에 앉자, 윤서가 입을 뗐다.

네가 이렇게 유명한 작가가 된 줄도 모르고 살았지 뭐야.
내가 유명해?

 해나의 반문을 듣자, 변한 게 하나도 없다고 생각했다. '예전에도 그랬지. 나는 내 인생의 주인공이 되기도 벅찬데 너는 처음부터 세상의 주인공 같았지. 그때도 너만 몰랐고.'

나도 네가 이쪽 일을 하고 있을 줄은 몰랐네.
그러게.

 윤서가 처음부터 예술 업계에 종사한 게 아니었다. 해나와 멀어지기 전까지만 해도 대기업 사원이었다. 첫 직장이었고, 제법 들떠 있었다. 번듯한 사회인이 된 것 같아서, 무사히, 어른이 된 것 같아서. 건물은 근사했고 목에 건 사원증은 자부심을 줬지만, 그 효력은 오래가지 않았다. 연속된 초과 근무에 체력과 정신이 소진됐고, 크기에 비해 옹졸한 기업의 체계가 윤서를 괴롭혔다. 앓는 소리라도 해보려 본가에 갔다가 밥만 먹고 돌아온 날도 있었다. 그날 아빠는 거실에서 임시완이 나온 〈미생〉을 보고 있었다.

정 사원은, 걔 누구더라? 어, 그래, 장그래. 장그래 같아.

 선임 중 한 명이 그렇게 말했을 때 윤서는 이렇게 반박하고 싶었다. '장그래는 초인이고 저는 인간일 뿐인걸요. 그것도 몰려드는 요구를 다 들어주고 욕만 먹는 처량한 초보 인간이요.'
 하지만 대꾸할 여유조차 없었다. 일도 서툰데 남의 업무를 위임받는 일이 잦았다. 협조적인 태도를 칭찬하던 상사들은 윤서가 몇 번 실수하자 오지랖만 넓다며 비난했다. 윤서에게 도움받은 사람 중 단 한 명도 감싸주지 않았다. 그런 일이 좀 많았다.
 한 해가 지나자 회사 생각만 해도 숨이 쉬어지지 않았다. 주말에는 종일 잤다. 눈을 뜨면 천장이 무너지는 상상에 빠졌다. 상상은 때로 희망이 되었고, 윤서는 단란한 가정 속 억압된 아이처럼 표정을 잃어갔다. 2년을 채우지 못하고 회사를 나왔다. 부모는 실망한 기색을 애써 감췄지만, 윤서를 대하는 태도는 조심스러웠다. 처벌은 없었으나 명예가 실추된 사람 대하듯. 윤서가 그 시절 유독 자주 본 영화는 〈리틀 포레스트〉였다.

 인생에서 가장 형편없던 시절. 윤서는 그때를 그렇게 기억한다. 바닥인 줄 알았는데 지하가 있었다. 재취업도 아르바이트도 뜻대로 되지 않았다. 통장 잔액은 빠르게 줄어들었고, 본가로 돌아가야 할지도 모른다는 공포는 나날이 커졌다. 윤서에게 그건 퇴행이나 다름없었다. 그때부터 고슴도치처럼 날을 세우고 다녔다. 누구에게도 자신을 보여주고 싶지 않아, 재취업 전까지 사람을 멀리했다. 해나가 시작이었다.

이쪽 일은 어때? 할만해?

 커피잔을 만지던 해나가 물었다.

응. 괜찮아.

 얼마간은 진심이었다. 더는 적응할 필요가 없기도 했고, 다른 곳보다 화난 사람이 적은 편이라는 게 가장 마음에 들었다.

우리 진짜 어른 같다.

 해나는 그렇게 말하고 크큭, 장난기 많은 소년처럼 웃었다. '너는 아무렇지 않구나. 시작만 기억하는 사람처럼.' 윤서는 그게 다행인지 불행인지 헷갈렸다.

언제라고 했지?

 윤서가 시기를 말하자 해나의 표정이 미묘하게 변했다.

왜? 일정이 안 될 것 같아?
음…… 그때면 스타필드 전시랑 겹칠 것 같네. 아직 내가 확답을 안 해서 문제는 없는데.

윤서가 마른침을 삼켰다.

근데 거기 빵 되게 맛있지 않았니?

 예측불허한 말에 윤서는 어안이 벙벙했다.

왜, 그때 우리 거기서 종종 빵 사 먹고 놀았잖아. 기억 안 나?

 윤서가 기억하는 건 그곳에서 만나기로 한 해나가 매번 한 시간 씩 늦었던 일뿐이었다. 그 후로도 해나는 지나간 얘기를 계속 꺼냈는데 주제마다 각자 기억의 디테일은 미묘하게 달랐다. 불협화음. 대화가 이어지는 동안 윤서는 계속 그 단어만 떠올렸다.

 윤서가 몇 번이고 일 얘기를 꺼냈으나 해나는 다른 이야기를 했다. 급기야 누군가에게 걸려 온 전화에 표정이 굳더니, 급한 일이 생겼다며, 미안하지만, 다음에 이야기하자고, 자기가 회사 근처로 가겠다고 덧붙이며 양해를 구했다. 윤서는 두 가지만 확인한 채 회사로 돌아가야만 했다. 해나는 변한 게 없다는 것. 그리고 우리는 여전히 이렇게 다르다는 것.

*

 성격과 기질은 환경에 의해 형성된다. 다양한 가능성 중 생존에 유리한 것들만 남는다. 그것을 결정하는 시기는 대체로 유년이다.

 윤서의 경우, 초등학생이 되면서부터였다. 부모가 자주 다투기 시작했다. 두 사람만의 문제로만 치부하기엔 좀 더 복잡한 사정이 있었지만, 그것을 이해하기에는 윤서가 너무 어렸다. 서로를 헐뜯는 소리가 들리면 무언가 훼손된 듯한 기분이 들었고, 그럴 때마다 방에 들어가 그림책을 펼치거나 침대에 누워 이런저런 상상을 했다. 상상은 늘 불안으로 번졌다. 구체적으로, 점점 더 구체적으로 불안을 겪었다.
 불안은 윤서를 살갑게 만들었다. 엄마나 아빠가 퇴근하면 강아지처럼 달려와 안겼고, 별것 아닌 일에도 크게 웃었다. 엄마가 사준 옷이 마음에 들지 않아도 좋아했고, 치킨을 좋아하지 않으면서도 맛있게 먹었다. 학교에서도 다르지 않았다. 친구와 갈등이 생기면 무조건 먼저 사과했다. 다툼이 일어날 조짐이 보일 땐 한 사람씩 칭찬하거나 화제를 돌렸다. 아껴둔 마이쮸를 나눠 준 적도 있었다. 그러면 대개 이전처럼 웃음이 돌아왔고, 그 순간 윤서의 마음은 안도였다. 그리고 곧, 자신이 사라진 듯한 기분을 느꼈다.
'나'의 실종.

 투표권을 가질 나이가 되고 부터, 집에서도 학교에서도 아무리 애써도 분위기가 좀처럼 살아나지 않았다. 우연하게도 그때 깨달았다. 인간은 인간을 어쩌지 못한다. 친구도, 가족도, 자식도, 심지어 자신마저도. 그 인식 이후 부모가 개별 인간으로 보였다, 자신과 같은 결점과 한계가 명확한 존재로 보였다. 측은했고, 노력하지 않아도 사랑할 수 있었다. 반대로 노력할수록 멀어지는 관계도 있었다. 해나와의 관계가 그랬다.

너 그거 애정결핍이야.

 언젠가 카페에서 MBTI 이야기를 하다 해나가 그렇게 말했다. 당시엔 웃어넘겼지만 곱씹을수록 아팠다. 해나가 돌려 말하는 법이 없다는 걸 알았지만, 그날처럼 아무렇지 않게 악의 없이 툭툭 던진 한마디가 비수처럼 날아들 때가 있었다. 친구의 무리한 부탁을 들어줬다는 이야기나 화가 나도 참았다는 말을 하면, 답답하다거나 바보 같다는 핀잔이 돌아오기도 했다. 또 해나가 무언가 말하다가

아니다.

 하고 말을 삼킬 때면 이상하게 가슴뼈가 따끔했다. 해나의 무신경한 화법에 적응해 보려 하다가도 가끔은 궁금했다. '무신경해도 되는 성격은 어떤 환경에서 만들어지는 걸까.'

 해나는 시간 약속을 잘 지키지 않았다. 한두 시간쯤 늦는 건 예

사였고, 그 애를 만나면 귀가도 늦어졌다. 좀 더 놀겠다는 해나를 맞춰 주느라 막차를 타려고 간밤에 달린 적도 많았다. 카페에 가면 사진을 찍거나 스마트폰을 들여다보느라 윤서 혼자 시간을 견디는 일이 잦았다.

'이럴 거면 그냥 앞에 돌이나 꽃을 놓아두는 게 어때?'

그런 말이 목 끝까지 차올라도 삼켰다. 대신 더 노력했다. 겉으로는 모든 걸 포용하는 태도로 안에서는 끊임없이 이해해 보려는 시도로. 겉치장도 게을리하지 않았다. 해나와 있을 때 서로 그림체가 달라 보일까 봐 옷과 화장에 유난히 신경 썼다. 그것은 자신의 수치를 막기 위해서가 아니라 해나에 대한 염치에 가까웠다. 먼저 다가와 손 내밀어 주고, 새로운 세계로 이끌어준 사람에 대한 예의라고 해야 할까. 알아주길 바라진 않았다. 아니, 들키고 싶지 않았던 것도 같다. 잘해보고 싶었다. 해나의 무신경함을 마주할 때마다, 그 애가 준 것들을 떠올렸다.
더는 그게 되지 않은 건 누구의 잘못도 아닐 것이다. 인력이란

게 그렇다. 이 정도면 괜찮지, 싶던 것도 마음에 작은 결절이 오면 몇 배 더 힘든 일이 되어버린다. 괜찮던 게 어느 순간 괜찮지 않아진다.

 바로 그런 때. 첫 회사를 그만두고 사람을 멀리하던 시기에 해나에게서 카톡이 왔다. 주말에 만나자는 내용이었다. 그 순간 윤서는 하루치 피로가 일시에 몰려오는 듯했다. 약속을 미룰 기운조차 남아 있지 않았다. 유예는 예정이고, 예정은 염두에 두는 일인데 그 무엇도 기약하고 싶지 않았다. 연락을 피할 용기도 없었다. 머릿속이 시끄러웠다.

 '왜 애쓸수록 기꺼움이 멀어질까? 그 애도 날 위해 노력하는 게 있긴 할까? 아니, 그전에 마음이 편해야 친구 아닌가? 바로 이럴 때 연락하고 싶어야 친구 아닌가? 우리는…… 친구가 아닌가?'

 곱씹을수록 선명해지는 의문.

'이게 맞아?'

 윤서는 결국 카톡을 열었다. 내 사정이 힘들어 당분간 연락 못할 것 같다고, 정리되면 연락하겠다고. 그 말을 장황하게도 적어 보냈다. 두 시간을 고민해 보냈는데, 오 분도 지나지 않아 답장이 왔다.

그래, 다음에 연락해 줘.

 그게 두 사람의 마지막이었다.
 친구에게 상처를 준 (걸지도 모른다고) 자책하던 윤서는, 봄옷을 담아둔 온라인 쇼핑몰의 장바구니를 깨끗이 비웠다. 그 메시지를 보내지 않았다면 해나와 자연스럽게 소원해졌으리라고 종종 생각한다. 어쩌면 반대로 속 얘기를 털어놓는 사이가 되었을 수도 있다. 힘들다고 피하는 게 아니라, 사는 게 힘들어서 찾는 사이. 아무려나 이제는 구겨진 종이 같은 것. 다시 펼 수 없을 것이다. 윤서는 다음을 기대하지 않았다.

*

망원동에서 볼래?

 해나에게서 카톡이 왔다. 지난주 작업실에선 빈손으로 돌려보내더니, 오늘은 예고 없이 미팅을 요청해왔다. 계약서를 준비해달라는 말에 윤서는 단골 카페 지도를 보냈다. 그곳에 도착하자 해나가 손을 흔들었다. 자리에 앉기도 전에 무언가 내미는데 받고 보니 흰 고양이가 그려진 아크릴 키링이었다.

키링 모으는 것 같길래. 마음에 안 들면 당근 해.

 해나다운 말과 해나답지 않은 행동 사이에서 윤서는 잠시 당황했다. 그러고는 가방에 달린 강아지 키링 옆에 새로 입양한 고양이를 걸었다.

여기 너무 근사하다.

해나가 말했다. 윤서는 카페를 고르는 눈이 엄격했다. 커피 맛은 전제고, 실내의 조도와 채광은 물론, 실내 소음과 음악의 볼륨, 천장 높이와 비 오는 날 풍경까지 꼼꼼히 따진 뒤에야 다른 사람에게 소개했다. 카페로 한정된 그 미감은 어디에서 왔는가. 곰곰이 근원을 따져보던 윤서는 문득 실감했다. 해나의 선물이 처음이 아니구나.

사진 찍어줄까?

해나가 웃으며 고개를 저었다. 이윽고 장소는 해나가 망원동에 오면 들러보고 싶었다던 동네 서점으로 바뀌었다. 책과 엽서를 구경하던 해나가 벽면 포스터를 바라보다 낮게 말했다.

이 서점은 밤에 오면 더 좋은가 봐.

윤서는 포스터 중앙의 글귀를 읽었다.

야간 개장? 다음에는 밤에 오면 되잖아.

해나가 어깨를 으쓱였다.

이제 내겐 밤이 없어, 윤서야.

 서점 주인이 불투명한 내창을 옆으로 밀었다. 실내를 비추던 오후 볕이 자리를 옮겨 갔다. 해나의 얼굴이 그늘에 머물렀다. 윤서는 입술을 달싹이다 고개를 돌렸다.

회사 다시 안 들어가도 돼?

 양손 가득 책을 든 해나가 서점을 나오며 물었다.

응. 계약만 하면 바로 퇴근하라더라.
그럼 성사 기념으로 한잔 어때?
이 시간에?

 아직 해가 지지 않은 오후였으나 실내는 어둑했다. 테이블마다 촛불이 켜져 있었다.

해나가 주문한 음식은 윤서의 입은 물론 눈에도 잘 맞았다. 살라미 카나페와 치즈로 허기를 채우고 와인으로 속을 데우니 긴장이 풀렸다. '내가 모르는 세계. 너는 또 그걸 내게 보여주는구나.' 윤서는 떠오르는 생각을 전부 지우고 조금 상기된 얼굴로 말했다.

너는 장소를 모으는 사람 같아.
내가 수집력이 있긴 하지. 근데 내가 모으는 건 따로 있어.
그게 뭔데?
선한 사람 곁에 두기.

 그 뒤로 둘은 잔술을 몇 번이고 비웠다. 해나는 자기 이야기를 잘 하지 않는 애였고, 윤서는 먼저 말하지 않으면 먼저 묻지 않는 사람이었지만 낮술 덕인지, 계약이 성사된 탓인지, 긴장이 풀린 둘은 끊임없이 대화를 이어갔다.

나는 인연에 스위치가 있었으면 좋겠어. 꾹 누르면 연결되거나 해제되는 버튼. 해제하는 순간엔 둘 다 그간의 기억을 싹 잊는 거야.
편리하겠네. 근데 좀 슬프다.
슬퍼?
실수로 잘못 누를 수도 있잖아.
그런가.

 집으로 돌아가는 택시에서 윤서는 문득 그 대화를 떠올렸다. 그런데 슬픔을 운운한 게 자신이었는지, 해나였는지 선명하지 않았다. 창문을 조금 열었다. 가로등에 붙은 트로트 가수의 콘서트 포스터가 바람에 흔들리고 있었다. 종이가 구겨지면 새 종이를 꺼내면 되지 않나? 이전 관계는 일단락하고 새로운 관계가 될 수는 없나? 그렇게도 다시 시작할 수 있지 않을까? 도로 위로 질문들이 흩어졌다.

 대표의 지시대로 '컨택해서 메이드'는 했지만 '토스'까지는 아직 절차가 많이 남아 있었다. 먼저 해나와 논의해 전시 콘셉트를 확정했고, 작품 배송 업체와 촬영 스튜디오를 섭외했으며, 보도 자료 초고까지 써 두었다. 해나가 보내오는 고양이나 빵 사진에 답장하는 것도 미루지 않았다. 그러니까 오전까지는 모든 게 순조로웠다. 점심시간이 지나가고, 회연시로 가는 차 안에서 대표가 물었다.

맞다, 엘리나한테 온 메일 아직 안 봤어요?

 윤서가 의아한 표정을 짓자 대표가 말을 이었다.

얼마 전에 통화했거든요.

 윤서가 별다른 반응을 보이지 않았는데도 대표는 준비한 듯 덧붙였다.

흉흉한 소문이 돌았나 본데 우리가 그렇게 쉽게 손절할 사이는 아니거든요. 오해가 좀 있었는데 잘 풀었어요.

윤서는 엘리나의 고성을 떠올리며 천천히 고개를 끄덕였다.

그런데, 메일이요?

엘리나가 제이미한테 개인 계정으로 메일을 보냈는데 계속 '읽지 않음' 상태라고 하더라고요.

제이미가 엘리나의 메일을 열지 않은 것처럼 해나도 윤서의 전화를 받지 않았다. 벌써 다섯 번째. 약속 시간은 두 시인데 어느새 세 시가 넘어가고 있었다. 오늘은 전시 답사일. 작가, 기획자, 프로젝트 매니저가 줌을 벗어나 처음 대면하기로 한 날인데, 갤러리에서 만나기로 한 해나가 오지 않았다.

날은 찬데 이마에서 땀이 흘렀다. 손부채질이 점점 과격해졌다. 윤서는 자신이 놓친 것이 무엇인지 곱씹기 시작했다. 작업실 미팅 때 걸려 온 전화, 이제는 밤이 없다는 말 그리고 인연의 스위치……. 아무리 조합해도 미궁이었다. 그러는 동안 한 시간이 더 지나갔다. 갤러리 관리인과 커피를 마시고 돌아온 대표는 눈에 띄게 지쳐 있었다. 아티스트들은 보통의 사람들과 관점이 다르다, 시간 앞에서도 그렇다, 나는 그걸 알기에 늦더라도 이해할 줄 안다고 말하던 처음의 그도 기약 없는 기다림은 견디기 어려운 눈치였다.

혹시 사고라고 난 걸까요?

그제야 윤서는 깨달았다. 해나의 의도를 궁금해할 뿐, 걱정한 적은 없었다는 사실을. 마음 한구석에 불안이 움트기 시작했다. 그러나 연락할 방법은 여전히 없었다.

대표님, 일단 사무실로 돌아갈까요?

그러는 편이 나을 것 같네요.

 덧붙인 말이 없는데도 윤서는 원망과 실망을 동시에 받은 기분이 들었다. 오지 않은 건 해나였고, 그전에 '이 계절의 작가'로 해나를 선택한 건 대표였지만 일이 어그러진 게 자기 탓인 듯 느껴졌다. 대표는 창업 후 실패한 적이 없었다. 성공 사례도 적지 않았지만 실패한 일을 시도한 적 없는 일로 바꿔버리는 재주가 있었다. 신화는 이렇게 만들어지는 건가. 윤서는 대표의 노션을 볼 때마다 그런 생각을 했었다. 이번 전시도 결국 없던 일이 될 것이다. 재회의 끝이 고작 노쇼라니. 윤서는 회사로 돌아가면 반차를 내야겠다고 마음먹었다. 그때, 어림없다는 듯 전화가 왔다.

도대체 너 어디야? 왜 연락이 안 돼?

 다급한 윤서와 달리 해나는 초연했다.

미안 많이 늦었지. 아직 갤러리에 있어?

사적인 만남이었다면 넘어갔을 터였다. 준비한 수고와 기다린 시간이 아까워서라도 그랬을 것이다. 그러나 해나의 태연한 반응에 걱정이 누그러지자 그냥 넘어갈 수 없었다.

어떻게 이래?

 딴에는 소리칠 작정이었다. 내가 얼마나 화가 났는지, 네가 얼마나 잘못했는지 알려주고 싶었다. 넌 어떻게 변한 게 없느냐며 다그치고 싶었다. 하지만 소리는 의지와 달랐다. 마치 고음이 안 올라가는 가수의 발성 같았다.

너희 대표님 화 많이 났지?

 윤서의 눈 밑이 파르르 떨렸다. '나는? 나는 그래도 되는 사람이야?' 따지고 싶었으나 말이 나오지 않았다. 감기 걸린 염소 목소리로, 그래서 지금 어디야? 하는 질문만 되풀이할 뿐.

갤러리 앞이야. 지금 도착했어.

 윤서가 정면을 바라보자 해나가 한 손을 높이 들어 올리며 다가오고 있었다.

죄송해요. 병원에 좀 다녀오느라.
어디 아파요?
아뇨. 제가 아니고.

 잠시 호흡을 고르던 해나가 말했다.

살다 보니 몇 년 치 우연이 하루 안에 일어나기도 하네요. 변명은 아니고요. 죄송합니다. 제 잘못이에요. 늦어서 정말 죄송합니다.

 꾹 다문 입술, 아래로 고정된 시선, 가지런히 모은 두 손까지. 어떤 비난이라도 달게 받겠다는 태도였다. 처음보는 해나의 저자세 앞에서 두 사람은 한동안 입을 떼지 못했다. 윤서는 해나가 사정을 말해주길 기다렸다. 그러나 해나는 요지부동 입을 다물었다. 대표가 화내면 말리되 그래도 해나 네가 잘못한 일이라며 한두 마디 보탤 각오로 대표의 표정을 살폈다.

살다 보면 무슨 일이든 일어나는 게 또…… 인생이죠. 뭐 됐습니다. 들어갈까요?

이걸 수긍한다고? 이렇게 쉽게? 윤서는 추궁도 분노도 없이 무던한 대표의 모습이 낯설었다. 아니, 사실 낯설지 않았다. 그건 늘 윤서의 방식이었으니까. 그럴 때마다 곁에 있던 사람들의 표정. 별안간 그들의 표정들이 떠올랐다. 가슴이 답답했다.

갤러리에 들어선 해나는 조금 전 일을 밖에 두고 온 사람처럼 당당했다. 종종걸음으로 대표 뒤만 따르던 윤서와 눈이 마주치자 살며시 고개를 끄덕였고.

 마지막 인사를 나눌 때까지도 부딪치는 사람은 없었다. 해나는 다음에 보자고 했다. 윤서는 알았다고, 조심히 들어가라고 손까지 흔들고도 다음이 있을 거라 예감하지 못했다. 그보다 더 알 수 없던 건 해나가 만남을 기약한 대상이었다. 프로젝트 담당자를 말한 건가? 아니면 옛 친구 정윤서를 지칭한 건가? 이대로 프로젝트가 끝날 때까지 해나를 봐야 한다는 게 억울했다. 해나가 아닌 자신이 주눅 들어 있었다는 점도.

 회사로 돌아가는 길, 대표는 줄독 말이 없었다. 졸음 번쩍 껌을 씹으며 운전에 집중하다 윤서의 시선이 느껴졌는지 입을 열었다.

피곤하죠? 아니면 혹시 대표랑 같이 차를 타서 불편한가?
 그러더니 하핫, 소리 내 웃었다. 윤서는 불편을 감수하며 말했다.

대표님은 화나지 않으셨어요?
작가님 늦은 거요? ……혹시 봤어요?
뭘요?
작가님 바지 밑단에 흙이 잔뜩 묻어 있더라고요. 외투도 엉망으로 구겨져 있고. 잘은 몰라도 무슨 일이 있는 거죠.

 윤서는 아무리 떠올리려 해봐도 해나의 차림이 기억나지 않았다. 예민하고 눈치 빠른 정윤서는 어디로 간 걸까. 사실은, 마음에 선 하나 그어 놓고 상대가 그 선을 넘어와야만 유심했던 건 아닌가.

근데 또 우리가 그걸 다 알 필요는 없잖아요? 사과했고, 어쨌든 왔으니 문제 삼고 싶지 않았어요. 저는 스스로 말하지 않으면 묻지 않는 편이거든요.

 윤서는 자신도 다를 게 없다는 생각이 들었다. 해나의 작업실에서도, 망원의 서점에서도, 그리고 오늘 갤러리에서도 먼저 꺼내놓기를 기다리기만 했으니까.

 타인의 내밀한 사정을 듣는다는 건 그이의 파도에 휩쓸리는 일인지도 모른다. 그렇게 생각하자 자신의 행동이 달리 보였다. 그것은 배려나 존중이 아니라. 해나의 소란에 휩쓸리고 싶지 않았던 거였다.

피곤하면 눈 좀 붙여요. 나는 그런 거 신경 쓰는 사람이 아니에요.

 회사에 도착할 무렵, 윤서는 엘리나의 메일을 떠올렸다. 메일 앱을 열어 '소식 들었어요. 경황이 없어서 인수인계도 제대로 안 하고 나와서 미안해요'로 시작하는 편지를 읽어나갔다.

 엘리나는 퇴사 후 외국으로 떠났다고 했다. 충동적인 남미 여행을 결정한 뒤 그곳에 도착해 관광지를 제쳐 두고 현지인만 사는 마을로 들어갔다고. 그곳에선 영어가 통하지 않았단다.

언어가 다른 세상이 있다는 걸 모르고 살아온 것 같아요. 현지어를 모르니 서로의 저의를 단번에 알아채지 못하겠더라고요. 식당에서 음식을 주문하는 일 정도는 문제없었어요. 몇 번이나 스마트폰 번역기를 쓸까? 고민하다가 말이 안 통하면 안 통하는 대로 견뎌 보자고 다짐했었지요.

그러다 두어 번 오해를 사고, 한 번 정도 수치스러운 일도 겪었다고 했다. 윤서를 사로잡은 건 다음 대목이었다.

듣고 싶은 게 있다면 물어야 하고, 말하고 싶은 게 있으면 말해야 하죠. 간단한 일인데 여태 그걸 못하고 살아온 것 같아요. 저도 그렇고 제 주변 사람들도 마찬가지였어요. 그래야 타인과의 안전거리가 확보된다고 믿었던 걸까요?

말하지 않으면 묻지 않는 사람. 묻지 않으면 말하지 않는 사람. 윤서의 머릿속에서 두 사람이 멀어지고 다시 만나고 또 멀어지며 끊임없이 서로를 공전했다. 윤서는 엘리나의 편지를 마저 읽었다.

그래도 다음에 이곳에 다시 올 때는 이 나라말을 배워서 올까 싶어요. 아닌가? 모르는 편이 나을까요? 여전히 잘 모르겠군요. 윤서 씨, 서울 가면 한 번 봐요. 그전까지는 저도 저만의 정답을 찾을 수 있겠죠?

윤서는 손을 내리고 등받이에 몸을 기댔다. 무릎에 올려둔 가방을 가슴께로 끌어당겼다. 지퍼에 걸린 두 개의 키링이 외따로 흔들리고 있었다.

나의 이야기

● <어차피 가시는 뭉툭해질테니까> 오 다 짐

지 월 <계속 다쳐볼 존재에 대한 애정> ●

● 〈아지미 가시는 물굽혀갈니나〉 오 나 정

● 〈제송 다리불 속제에 대한 예성〉 정 하

| 오 | 다 | 정 |

어차피 가시는 뭉툭해질테니까

　퇴사한 지 어느덧 8개월이 되어 간다. 돈을 어떻게 벌어 먹고 살 것인가에 대한 걱정이야 차치하고라도, 마음만은 편안하다. 경력, 안정성, 그 외 내 마음을 어지럽힐 만한 온갖 걱정거리에도 불구하고 이렇게 행복할 수가 없다.

　직장에 특별히 나를 괴롭히는 상사가 있었던 것도 아니고, 업무가 지나치게 고됐던 것도 아니었다. 그럼에도 내가 평온한 이유는, 사람을 만나지 않아서였다.

나는 사람을 만나는 게 싫었다. 아니, 힘들었다. 사람을 만날
필요도, 그들에게 맞춰 미소를 짓거나 대화를 이어가는 수고를
할 필요도 없는 나날이 어쩌면 '나'라는 사람을 보호하는
최선의 방법이었을지도 모른다.

 어릴 적부터 다른 사람과 어울리면 상대의 기분을 늘 신경
썼다. 그건 내게 선택의 영역이 아니라 기본 능력이었다. 꽃향기
와 쓰레기 냄새를 선택적으로 맡을 수 없듯이, 그들의 감정은
언제나 나의 의사와 관계없이 마구 내 마음을 짓밟고 들어와
주인 행세를 했다. 누군가가 불편해하면 그 이유가 무엇이든
전부 나의 잘못처럼 느껴졌고, 환하게 웃으면 그제야 안도하며
한시름을 놓을 수 있었다.

 그렇게 타인의 감정은 내 감정이 되었다. 대화 중에도 상대의
반응 하나하나를 읽어 내려 애썼다. 나보단 타인의 기분이 우선
이었고, 즐거운 시간을 보낸 이후에도 '표정이 어둡진 않았나?
내가 말실수를 했나?' 자책하곤 했다.

게다가 유난히도 마음이 여렸던 나는 타인의 툭 던진 말 한마디에 참 쉽게 상처를 받았다. 무심코 내뱉은 단어들이 나를 비틀거리게 했고, 아무렇지 않게 던져진 농담에 마음이 시들었다. 그들에게는 그저 스쳐 지나가는 말이, 내게는 오래도록 머무르며 빠지지 않는 가시가 되었다.

 타인의 감정을 읽어 내며 갈등을 빚지 않기 위해 부단히도 노력하는 과정은 내게 고통, 그 자체였다. 작은 찡그림 하나에도 조급함을 느꼈고, 미세한 말투의 변화에도 마음이 어지러워졌다. 매 순간 상대의 감정을 읽고, 나를 맞추려 애쓰는 일이 잦아질 때마다 나는 점점 더 지쳐 갔다. '왜 나만 이렇게 노력해야 하지?' 내면에선 정확히 누구를 향한 것인지 모를 억울함과 증오가 뒤섞인 채.

 그리고 그런 마음이 커질수록 저도 모르게 가시 돋친 말들이 튀어나오는 순간이 늘어 갔다. 상대가 왜 그런 말을 했는지 이해하려 애쓰는 한편으로는, 나 자신을 보호하기 위해 더 단단한 껍질을 만들었다. 그 껍질은 시간이 지나면서 점차 두꺼워져만 갔고, 결국에는 사람을 멀리하는 핑곗거리가 되었다.

 그래서 나는 스스로 사람을 싫어한다고 믿었다. 함께할 때 이렇게까지 불편하다면 그 이유는 하나밖에 없을 거라고 확신하며.

 마음에 여유가 생기고 나니 문득 한 가지 의문이 떠올랐다.

 '내가 정말 사람을 싫어하는 걸까?' 만약 그렇다면, 왜 나는 늘 타인의 기분에 그렇게까지 신경을 썼을까? 왜 그들의 반응 하나하나에 내 마음이 그토록 흔들렸을까?

 그렇게 생각에 생각을 거듭한 결과, 결론에 다다를 수 있었다.

 내가 사람을 만나는 게 힘든 이유는, 도리어 그들을 너무도 사랑하기 때문이었다.

개중 누구에게도 미움받고 싶지 않았고, 그들의 표정에서 조금의 불편도 느끼고 싶지 않았다. 사랑하는 사람의 가벼운 농담으로 상처받고 싶지도 않았다.

 아이러니하게도 그들을 향한 깊은 마음이 나를 더욱 괴롭게 만들었다. 감정 하나하나에 민감하게 반응하며 끝없이 눈치를 보았고, 스스로를 점점 더 압박했다. 그러다 보니 결국 그 무게를 견디지 못해 관계 자체를 회피하게 된 것이다.

 사람을 싫어하는 것이 아니라, 오히려 너무나 사랑하기 때문에 관계가 깊어지기를 두려워했다. 이 문장은 역설적이었으나 사실이었다. 나는 나를 지치게 만드는 그들 없이는 살아갈 수 없었다. 나는 사랑을 사랑했고, 그들을 사랑했고, 나를 사랑했다. 그래서 경험으로 빚어진 상황이 반복될까 봐 설레면서도 겁이 났다.
 사실은 가까워지고 싶었다. 따뜻한 말과 진심 어린 눈빛으로 서로를 이해하는 순간들을 기대했다. 하지만 그런 마음 가운데에서도 너무 가까워지면 또다시 상처받을까 봐 두려웠다.

그래서 애초에 그 모든 가능성을 차단하는 쪽을 택했다. 적당히 선을 지키고 거리를 유지하며 스스로 보호하려 했다.

물론 그런 거리 두기가 내게 '진정한 평온'을 가져다주지는 않았다. 사람들과 멀어질수록 그리움은 더 커졌고, 가까워지려 하면 걱정이 몰려왔다.

이 끝없는 딜레마 속에서 나는 마침내 깨달았다. 내가 진짜 피하고 싶었던 것은 타인과의 관계가 아니라, 관계에서 상처받는 나 자신이었다는 사실을.

'타인' 자체가 싫은 게 아니라면, 언제까지고 도망만 칠 수는 없었다. 내가 본질적으로 원하는 바는 내면의 사랑과 두려움이 조화를 이루는 것이었다. 가까워지고 싶으면서도 멀어지고 싶어 하는 이 모순적인 마음을 어떻게 끌어안을 수 있을지 고민했다.

답은 의외로 간단했다.

"어차피 인간은 원래 그 누구도 완벽하지 않아."

 나는 상처받은 적이 있다. 그러나 돌이켜보면 나 역시 의도치 않게 누군가에게 상처를 준 적이 분명 있었다. 고의가 아니더라도, 내가 던진 말 한마디나 무심코 보인 태도가 상대에게는 가시가 되었을 것이다. 그렇게 상처를 주고받으며 서로를 이해해 가는 것, 그것이 관계라는 사실을 받아들여야 했다.

 분명 사람과 사람 사이에는 각자 스스로를 지키기 위한 가시가 존재한다. 하지만 그 가시는 뭉툭해질 수 있다. 시간이 지나면서 서로를 찔러도 아프지 않을 만큼 둥글게 변해 가는 것이다. 이미 생겨 버린 상처가 완전히 사라지지는 않겠지만, 적어도 우리는 그 상처를 통해 한층 배우고 성장할 수 있다.

 결국, 진짜 중요한 건 상처를 피하는 방법이 아니라 상처를 딛고 더욱 성숙하게 사랑해 나가는 방법이었다.

 나는 내 안의 사랑과 두려움을 포용하기로 마음먹었다. 그리고 조금씩 노력하며 나와 상대의 가시를 뭉툭하게 만드는 삶을 살기로 했다. 사랑하기에 두렵고, 두려움에도 사랑을 추구하는 것이 사람의 본성이라면, 그 모순을 있는 그대로 받아들이기로 결심한 것이다.

 언젠가는 서로를 찌르지 않아도 되는 날이 올지도 모른다. 설령 그렇지 않더라도 괜찮다. 중요한 것은 사랑과 함께 두려움도 껴안으며, 관계라는 이름의 여정을 계속 걸어가는 것이니까.

지월

계속 다쳐볼 존재에 대한 애정

1

 흰색 티와 검은색 치마, 분홍색 트렌치코트를 입고 거리에 나섰던 9년 전 그날은, 스물이 되어 맞이한 첫 봄날이었다. 고데기로 머리를 말고, 브라운 섀도를 눈에 바르며 아침 일찍부터 단장에 여념이 없었다. 성인이 된 후 처음으로 고향 친구들과 삼삼오오 모여 벚꽃을 보러 가기로 한 날이었으니, 아이처럼 들떠 있었다. 게다가 나의 친구 Y도 온다고 하니 그날은 틀림없이 재미난 하루가 될 터였다.

-

 Y는 내가 열일곱 살 때 사귄 친구였다.
 나는 고등학교에 입학해 동아리 세 개를 동시에 하며 학생부 활동까지 했고, 소위 '인 서울'은 무난할 거라는 성적을 유지했다. 글재주와 말솜씨도 인정받아 토론대회나 백일장에 나가면 상은 이미 따 놓은 당상이었다. 1반에서도, 2반에서도, 3반, 4반, 5반에서도 늘 내 얘기가 돌았다.

그런 가도 위에서 Y 같은 친구를 만난 건 내 인생에서 가장 큰 행운이었다. 그녀가 행운이었던 이유는, 나의 가도가 빛난 만큼 그 길이 꽤 무겁다는 걸 알아준 유일한 친구였기 때문이었다.
 그 시절 알아버렸다. 인생에 좋은 일이 마구 생긴다고 해서 세상의 좋은 시선까지 얻을 수 있었던 건 아니었다.

 어느 날 뒷문을 열고 교실로 들어서던 순간, 당시에 친하게 지내던 친구가 나를 지칭하며 "걔가 죽었으면 좋겠어."라고 말하는 것을 들었다. 성적이 자신보다 높다는 이유였다. 내가 없어야 자신이 상위권이 될 수 있다는 계산. 앞에서 친한 척하는 애들이 뒤에서 나를 헐뜯는다는 사실을 이미 전해 들어 알고 있었지만, 나의 불행을 바라는 시기 어린 말 앞에선 어린 마음이 자주 상처 입을 수밖에 없었다. "네가 노력을 해."라는 말로 응수하고 뒤돌아섰지만, 이전의 마음으로는 다시 돌아갈 수 없었다. 여느 드라마처럼 화장실에서 험담하는 무리의 살 판을 깨고 등장하는 주인공이 된들, 속은 전혀 시원하지 않았고, 현실에서 그런 당당한 등장은 오히려 숨을 꾹, 한 번 더 꾹 눌러 담아야 가능한 일이었다.

나에게 그런 일이 있고 난 후, Y는 자주 내 옷자락을 잡았다. 내가 숨을 꾹 눌러 담아야 하는 순간마다 Y는 그렇게 자신이 곁에 있음을 알렸다.

 동네에서 기강이 대단하기로 소문난 중학교에 입학하던 날, 선배들의 구타 사건을 목격한 이래 교실에서도 종종 다르지 않은 동급생들 간의 갈등이 벌어졌었다. 무리를 지어 누군가를 따돌리고 편을 나누는 일들이 비일비재했던 중학생 시절을 지나 사람의 진심이 쉽게 얻어지는 것이 아니라는 걸 알만큼의 열일곱이 되었어도, 누군가가 나를 싫어하는 마음을 기민하게 알아차릴 때면 어김없이 소외감이 들었다.

 관계 때문에 마음에 옹이가 생겼던 날들 가운데, 실제로 나를 가장 괴롭게 했던 것은 내가 기대한 관계와 실제 관계 사이의 괴리감이었다. 어릴 때는 그 속에서 나에게만 문제가 있는 것처럼, 내가 어딘가 이상한 사람인 것처럼 느껴졌다. 그리고 끊임없이 자신을 검열하고 의심했다. 그때는 타인과 가까워지려면 같아져야 하는 줄 알았으니까.

 그 틈에서 Y와 내가 둘도 없는 친구가 되었다는 건, 나에게 진짜 친구가 생겼다는 건, 분명 귀한 일이었다. Y는 서른이 된 지금도 나에게 무슨 일이 생기면 가장 먼저 달려온다. 그리고 달려올 수 없을 땐 유독 질문이 많아진다.

"너 밥 먹었어?" "잠은 좀 잤어?" "우산 챙겼어?"

—

 성인이 되어 처음 고향 친구들과 벚꽃을 보러 갔던 9년 전 그날, 새로운 사실 하나를 알았다. 고등학교에 다니던 내내, 나 몰래 Y는 뒤에서 나를 가십거리로 만들던 애들을 하나하나 처리해왔다는 것.

"니들이 걔를 알아? 난 알아."

 Y는 꼭 그런 식으로, 곱게 단장한 내 얼굴을 눈물로 얼룩지게 만드는 재주가 있었다.

2

 스물은 꼭 한 해의 첫 자정을 기다리는 밤처럼 설레고, 개구진 날들의 연속이었다. 대학가에는 대중가요가 울려 퍼지고, 사람들은 너 나 할 것 없이 환호했다, 술잔이 부딪히는 소리까지 더해져 스물의 시간을 가득 메울 때쯤 이십 대는 단언 재미난 계절이구나 생각했다.

 그 무렵 두 명의 술친구를 얻었다. (그 친구들과 여태까지 함께한 술잔이 큰 거실을 가득 채울 정도이지 않을까 조심스럽게 추측해 본다.)

 그들과 함께 막연히 상상한 이십 대는, 제 몫을 단단히 해내는 어른이 되어 있을 거라는 기대감으로 가득했다. 햇살 가득한 캠퍼스를 자유롭게 누비고, 졸업 후엔 제 일을 똑 부러지게 잘하는 커리어 우먼이 되어 있을 줄 알았다. 사랑 때문에 아파 울지 않는 쿨한 여성이 되어 있을 줄 알았고, 곁에 있던 소중한 인연들은 영원할 것만 같았다. 그 모자라지만 풍부한 상상력에 대한 책임을 혹독히 치르게 될 줄은 꿈에도 모른 채 우린, 자주 빛나는 미래를 그렸다.

 내 주말과 방학은 대부분 아르바이트와 실습으로 채워졌다. 주말이면 병원에서, 방학이면 평일까지 관공서에서 아르바이트를 했다. 비교적 깔끔한(?) 일 아니냐며 처음에는 주변 사람들의 부러움을 샀지만 어떤 일이든 고충은 있기 마련이었다. 셀 수 없이 마음을 다치게 하는 손님들을 만났고, 그중에는 아르바이트생의 손을 허락도 없이 잡거나 신체 치수를 묻는 등 무례를 서슴지 않는 사람들도 있었다. 인사를 안 받아주거나 흉을 보는 일은 그저 사회 경험 속 시시한 일에 그치는 수준이었다. 해마다 '이보다 더한 사람은 없겠지.' 싶었지만, 언제나 그보다 더한 사람이 어딜 가나 있었다.

 직장에 들어가서도 매일같이 쏟아지는 민원과 법적 분쟁, 기분에 따라 달라지는 상사의 태도는 예삿일이었다. 한번은 회사에서 울지 않는다는 이유로 면박을 당한 적도 있었다. 윗선으로부터 싫은 소리를 듣거나 과중한 업무를 받아도 회사 내에서 우는 법이 없었던 나를, 굳이 울리고 싶어 하는 사람이 있었다. 감정을 털어내라는 좋은 의미로 받아들였지만 옮긴 직장에서도 상사에게 왜 울지 않느냐는 말을 다시 듣고서야, 그것이 사회 초년생을 호되게 길러보겠다는 개인적 욕심과 은근한 조롱이었음을 알아차렸다.

그렇게 나는 꺾이지 않았지만 자주 꺾였다.

C와 P에게 이런 이야기들을 건네면 그들은 술부터 벌컥 들이켰다. 그리고 몇 분 뒤에 조용하고 명확한 소리로 입을 열었다.

"미쳤네."

그녀들은 한마디로 상황을 설명하는 데에 능한 사람들이었다. 그리고 이 세상에 '이별 감정학'이라는 학문이 있다면 단번에 박사 논문을 취득했을, 범상치 않은 인물들이었다. 그래서 난 인생에서 무언가와 헤어지고 난 뒤 꼭 그녀들을 찾았다. 비교적 중대한 사고를 치고 그녀들을 만나면, 미쳤다는 말은 항상 나를 향했다. 그것은 비단 친구라고 해서 봐주지 않는 언어였다.

그도 그럴 것이 나는 평상시 관계적인 부분에 있어 나만의 장벽이 높은 사람이었다. 앞서 사람에 덴 사회 경험 때문에 일종의 담벼락이 생긴 셈인데, 가끔 그 담벼락을 허물고 온 사람을 만날 때면 또 다른 문제가 생겼다. 높디높은 담벼락을 허물고 온 사람을 만나면 곧잘 내 모든 것을 내어줄 듯 마음을 활짝 열어버렸기 때문이다. 오랫동안 쌓아 올린 경계와 촘촘한 감각을 뚫고 들어온 이들이니, '이 사람만큼은 다르다.'라는 믿음이 훈장처럼 주어진 거다.

온 마음을 다 쏟으면 좋은 사람으로 인정받을 수 있을 거라 생각했고, 상대에게 도움이 되는 것이 곧 나의 존재 이유로 이어지는 순간도 있었다. 관계에 금이 가도 혼자 감내하면 다시 평온해질 거라 믿었고, 어떻게든 이해할 만한 이유를 찾아 상대를 품으려 했다. 그러나 그 이유가 사실은 내 마음을 달래기 위한 핑계였음을 인정하는 데 오래 걸리지 않았다. 결국 그 모든 건 건강하지 못했음을, 그 누구를 위한 길도 아니었음을 받아들여야 했다.

끝내 그런 일과, 그런 사랑과, 그런 나 자신과 이별을 택하며 펑펑 울 때마다 나의 술친구들은 한결같이 "미쳤네."라고 말할 뿐이었다.

"날도 더운데 맥주나 한잔할까?"
"나 김치전이 좀 당기는데… 소맥…?"

이십 대의 여러 곡절을 지나갈 때마다 그들은 나에게 단 한 번도 괜찮냐고 물어보지 않았다. 이들은 그저 술로 안부를 대신했다. 어쩌면 그때의 우리는 본능적으로 알고 있었던 것 같다. 서로에게 돌아올 구석이 되어주어야 한다는 걸. 힘들 때 언제든 편하게 돌아올 마음의 고향이 우리에게도 하나쯤은 필요하다는걸.

일이든 관계든 살아오는 모든 국면에서 '지금 그만두지 않으면 안 된다.'라는 경종이 머릿속을 세차게 울려야 비로소 멈추곤 했다. 스스로 한계라고 느끼는 지점까지 안간힘을 써봐야 놓을 수 있었고, 그리하여 얻은 결론엔 후회가 덜했다. C와 P는 내가 그런 사람이란 걸 알았기에, 나의 뜀박질을 묵묵히 응원하다가 주저앉을 타이밍이 되면 먼저 자신들의 곁을 내주었다.

"이쯤 되면 너 지금 지칠 법한데?"

 우리를 괴롭게 하는 사람을 같이 미워하고, 잘못했다면 서로를 따끔하게 혼내고, 술자리에서 울면 흥을 깬다며 놀리고.

우린 늘 번지르르한 겉치레보다 함께 모난 길을 택했다.

덕분에 무거운 문제들이 이들 앞에만 서면 금세 가뿐해졌다.

3

스물아홉.

작가가 된 지 3년이 되었다. 흔히 한 분야에서 3년이면 그 일을 계속할지 말지 가능성을 발견할 수 있다고 하니, 나도 '심기일전'을 슬로건처럼 내걸었다. 글 쓰는 일을 계속하고 싶은 마음에 비롯된 셀프 응원의 해였달까.

그간 글을 계속 쓰고 싶다고 했을 때 찬물을 끼얹는 사람들을 많이 만나왔다.

"돈 되는 일을 해야지!"

"글 쓰는 게 제일 배고픈 직업이야."

"연극 한 편 쓰면 얼마 벌어?"

"인세는 좀 나와?"

 민망한 숫자 앞에서 차마 '번다.'라고 말하기도 어렵지만, 애초에 돈 벌 목적으로 펜을 잡았던 건 아니라고 설명해도 저런 질문을 던지는 이들에게 내 마음은 진실로 가닿지 않았다. 글 쓰는 일을 본업으로 삼았던 건 아니었지만 그래도 쓰는 일을 '일' 자체로도 인정받지 못할 때 항상 작아지는 기분을 느끼기도 했다.

 그런 외부 시선들을 한창 맞닥뜨리던 때에 한 공모전에 당선되며 J를 알게 되었다. J의 이야기를 듣고 글 한 편을 완성해야 하는 것이 나의 역할이었고, J는 나에게 고슴도치 청년으로 사는 삶을 들려주어야 했다.

 J도 나도, 양쪽 다 떨리기는 마찬가지였겠지만, 처음으로 J를 만나기 전 내 마음에 불이 난 것처럼 비상등이 깜빡였다. 이름도 얼굴도 성별도 모르는 사람과의 대화라니. 취미는 쭈뼛대기, 특기는 리액션 고장인 내가 아무런 사전 정보 없이 대화를 이끌어

야 했다. 오마이갓, 정말 오마이갓.
 내가 알고 있던 건 J가 인간관계에 있어 친밀하기를 원하면서도 거리를 두고 싶어 하는 고슴도치 청년이라는 사실 하나와, 사전에 읽은 J의 글을 통해 삶에 희망을 품은 사람 정도라는 추측뿐이었다.

 어떤 사람인지는 물론, 어떤 이유로 고슴도치 청년이 되었는지 물음을 한가득 끌어안았으나 아무런 준비를 해가지 않는 것이 가장 최고의 준비가 될 수 있을 거라는 생각이 들었다. 왠지 마음으로 통할 것 같았다. 나 또한 그와 다르지 않은 고슴도치 청년이었으니까.

 타인의 감정을 잘 읽는 섬세한 성정을 지닌 덕분에 장점도 있었지만, 남이 조금만 표현해도 깊이 느껴 힘들어할 때도 많았던 지라 사람과 가까워지는 일이 나에겐 늘 어려웠다. '인간관계가 제일 어렵다.'라는 말에 공감하며 타인에게 내어줄 마음의 크기는 점점 작아졌고 결국, 가까워지고 싶은 마음과 상처받을 두려움

사이에서 자주 움츠러들었다.
 그런 내가 J와 통할 거란 직감, 그 하나로 대화의 물꼬를 텄다.

"사람은 내 마음 같지 않더라고요."

한껏 웅크려본 사람들은 안다.
 누군가의 웅크림을, 그리고 웅크리는 마음이 어딘가로 내디디려는 그 순간을.

 주로 우리 대화의 화두는 '사랑받고 싶었던 마음'이었다. 사랑받고 싶다는 마음이 생긴 게 언제였을까. 그리고 나라는 존재가 모든 사람에게 사랑받을 수 없다는 사실을 처음 알게 된 건 또 언제였을까. 대화는 자연스레 서로의 시간을 거슬러 어린 시절에 닿았다.

학창 시절 친구들과의 갈등, 어린 시절 유난히 크게 느껴졌던 어른의 엄격함 등 나직하게 전해진 그 말들 사이에, 내 마음도 계속 움찔거렸다.

  J를 만나고 온 뒤, 원고를 썼다 지우기를 반복했다. 아무리 생각해도 원고라고 쓰고 있는 내 삶이 엄살 같은 느낌을 지울 수 없었다. 가정환경, 유년 시절, 학교생활, 직장 생활 등 여러 생애와 환경에 걸쳐 내가 겪은 일보다 더한 일을 겪은 사람들이 있을 테니까. 세상에는 이해할 수 없는 일들이 넘쳐나고, 그 앞에서 지나친 정신 승리나 억지스러운 용서는 너무 섣부른 판단이 될 수도 있으니까. 그런데 이번엔…

"사람에게 상처받아 가시 돋친 마음은 어떻게 뭉툭해질 수 있을까요?"

"계속 다쳐봐야죠."

  내가 J처럼 계속 다쳐볼 미래를 그려본 적이 없었다는 게, 날 자꾸 망설이게 했다.

누구 말마따나, 글 쓰는 사람에게는 흔히 세 가지의 '기'가 필요하단다. 펜을 놓지 않고 끝까지 쓰는 '끈기', 이야기를 던져 내보일 '용기', 그리고 세상을 살짝 다르게 바라보며 통찰할 은은한 '똘기' 그 세 가지만을 품고 들썩이던 스물아홉 작가의 계절이 부끄러웠다. 세상일에 계속 다쳐도 일어설 수 있을 마음의 '온기'를 생각하지 못했다는 사실이 자꾸만 내 머리를 때렸다.

 특히 작가가 되고 나서는 마음 안에 온기를 유지하기보다, 적당히 무시하고 흘려보내는 게 더 유익하다 믿으며 다치기 전에 자신을 보호하는 방법을 택해왔다. 타인의 시선에 맞서기엔 너무 지쳐있었고, 한편으로는 점점 무뎌지고도 있었다. 그저 하고 싶은 일을 하기 위해서는 커다란 방어벽을 세우고 아무도 건드리지 못할 '완전한 나'의 길로 보란 듯이 가면 되는 줄 알았는데, 나를 지켜낼 방법이 따로 있었다.

 미완의 목표가 완성일 거라는 생각을 거두고,
 완벽일 거라는 벽을 허물고,
 미완은 언제나 미완을 향한다는 사실을 받아들이는 것.

—

우리는 왜 '계속 다쳐볼 존재'에 대한 애정을 잊고 사는 걸까?
우리는 왜 늘 멀쩡해야 하는 걸까?

● 관계 속에 놓인 우리에게

"긍정적인 이야기가 좋은 이야기예요."
"희망적인 스토리를 쓰세요."

 작가가 된 뒤로 거절당하는 것에 익숙해졌고, 거절하는 것에 능숙해졌다. 특히 '희망'에 대해서는 더 그랬다. 희망을 요구할 때 거절했다. 사실 희망이라는 단어는 나에게 좀 골칫거리인 단어다. 글을 쓰는 사람으로서 관계자들에게 희망적인 글이 좋은 글이라는 말을 지독하게 들어왔기 때문이다. 물론 필자의 슬픔과 우울만 잔뜩 담긴 이야기를 끝없이 읽다가 결론 없는 흐름에 소모되고 싶은 독자가 어디 있을까.

 다만 나에게도 이 세상에 견주어 볼 만한 슬픔이 있다는 것, 그리고 우리에게도 세상에 내보일 만한 상처가 하나씩 있다는 게 때로는 글을 쓰는 이유가 되어주기도 한다. 다른 말로 표현하자면 가공된 희망이 아닌, 진짜 희망을 좋아한다는 뜻이다.

부서진 자리에서 다시 피어나는 진짜 희망.

그 안에서 나는 Y, C와 P, 그리고 J 같은 사람들을 만났다. 삶이라는 것은 본디 다채로워서 믿었던 사람의 배신, 일터 속 관계의 균열, 사랑의 실패 등 자꾸만 변수를 주지만, 나에게도 그에 맞먹는 '내 편'이 있다는 사실은, 내가 세상에 던질 수 있는 변수가 되어주었다. 이들이 나보다 일찍, 계속 다쳐볼 존재로서 그러니까 언제고 다시 일어서서 성장할 존재로 나를 믿어줬다. 사람에게 상처받아서 가시가 돋쳤어도 결국 그 가시를 뭉툭하게 만들어주는 것도 사람이었다. 혼자인 게 좋다가도 사람의 품에 달려가고 싶은 변덕스러운 마음을 이해하게 된 것도 어쩌면 이들 덕분일지도 모른다.

제아무리 변덕스럽더라도 보고 싶은 사람과 기대고 싶은 마음이 있다는 건 삶을 덜 무미하게 만든다.

다치지 않는 관계가 있을까? 다치지 않는 사람이 있을까? 나조차도 누군가를 다치게 할 수 있는데 반들반들한 관계만을 바라는 게 이제는 욕심처럼 느껴진다. 처음엔 무너질 줄 모르고 무너지지 않기 위해 애썼고, 사람은 누구나 무너질 때가 있다는 것을 알고 나서야 아픔에 무뎌짐을 택했지만, 그 모두 메마른 선택이었다는 것을 깨닫는다. 관계에 있어 돋친 내 안의 가시들이 뭉툭해진다는 것은 무뎌지는 것이 아니라 상처와 아픔들을 기꺼이 받아들이고 포용하며 나아가는 일이라는 것을, 그리고 그게 진짜 희망이라는 것에 안도한다.

 앞으로도 나를 좋아하는 사람보다 싫어하는 사람을 더 자주 만날 테고, 개중에는 그 누구도 나에게 상처받으라고 말한 적이 없다는 불편한 진실에, 여린 마음이 더 바보같이 느껴지리라. 그리고 어느 날에는 서로의 시선과 이해의 모양이 달라 생긴 의도치 않은 상처였다는 사실에 안도하게 되는 날도 있으리라.

 끝내 우리를 배신하는 사람을 만나면 '어떻게 나한테 이럴 수 있지?' 하는 억울한 마음이 들 때가 있으리라. 또 시간이 지나 회상했을 때는 어떻게든 그럴 수 있고, 이럴 수 없는 일이란 없는 게 관계라는 것을 깨닫게 되리라.

그렇게 헛헛함이 수시로 찾아와도 내일이 되면 사람 마음이 제멋대로라는 것을 다시 한번 실감하게 되겠지. 기대를 다 내려놓아도, 어느새 쌓인 나의 기대에 실망하는 일을 반복하며 스스로가 미워질 테니까.

그런데 말이지 들쭉날쭉 솟은 봉우리를 오르내리다 보면, 어느 날 모든 것이 삶에 대한 애정임을 알게 되지 않을까.

애정이 없고서야 이렇게 아플 리 없으니.

-

봄비가 여름비보다 무서운 까닭은 흐드러지게 핀 꽃들을 떨어트리기 때문이다.

그러고 보면 Y가 뒤에서 나를 지켜주었다는 사실을 알았을 때도, C와 P에게 직장 내 고충을 털어놓았을 때도, J와 고슴도치 청년의 삶에 관해 이야기를 나누었을 때도, 집 오는 길엔 벚꽃잎이 떨어져 있었다.

세차게 내리는 봄비를 맞은 어느 4월은, 문득 애정 어린 삶을 떠올리게 한다.

비에 젖어 떨어질 줄 알아도 내년 4월이 되면 다시 만개할 잎들을 사뿐히 밟으며.

다시 떨어지겠지, 그래도 그것들은 어느 4월에 다시 피겠지.
무너지지 마라. 무뎌지지 마라.

글이라는 고정된 실체를 가진 녀석 앞에 미래를 장담하는 일은 언제나 두렵다.

그러므로 길이길이 남을 다짐만 남겨야 하지 않겠나.
J의 말을 빌려본다.

"상처를 받더라도 사람이 좋아요. 사랑하고 살 수밖에 없어요."

나의 이야기

★ <어른 님> 장 아 인

이 한 솔 <메아리>, <외로움에 관한 어떤 전설>
<별을 사랑한 아이>, <외로움과 아이> ★

<이 목록> ★

★ <메이커>, <오토봇에 들어간 아이 전설>
<별을 삼킨 아이>, <오토봇 아이>

장 아 연

어론 님

 대학교 학부 시절, 그런 시를 썼다. 외롭다는 뜻의 'alone'과 누군가를 높여 부르는 '님'을 결합한 <어론 님>이라는 제목의 시였다. 내용은 간단했다. 외로운 서술자는 소파에 가만히 앉아 텔레비전 소리에 귀를 기울였다. 그 속에 사람들이 웃으면 같이 웃고, 울면 같이 울었다. 외로움에 잠식되어 끝없이 상상했다. 이를테면 키우지도 않는 강아지가 세상을 떠나는 상상 같은 거 말이다. 서술자는 그런 식으로 자신이 만든 외로움에 잠식되었다. 마지막 시구는 이랬다. '그래, 나는 원래부터 이런 사람

이었어. 외로움은 외로움으로 이겨야 하고 나는 언제나 지는 사람이었다.'

 인간관계에서 외로움은 필수 불가결의 존재라고 하던데. 나는 끝없이 누군가와 연락해야만 안정감을 느꼈다. 메신저가 오면 늘 진동이 울리게끔 설정해 두었고, 일부러 알림이 더 쌓이길 바라면서 확인을 미룬 적도 많았다. 누군가와 시시콜콜한 이야기를 주고받으며 나는 인간관계를 잘하고 있다고 믿었다.

 항상 커뮤니티에 가입해서 나라는 존재를 떠벌리고 다녀야 했으며 그곳에서 만난 사람들과 영원했으면 좋겠다는 마음이 가득했다. 군중 속에 있으면 외로움 따위 물리칠 수 있을 듯 했으며 타인의 일화를 들으며 반응하는 게 일상의 낙이었다. 사람이 좋았다. 모든 인간이 영원할 줄 알았다. 그들은 항상 내 등 뒤에 칼을 꽂을 준비를 하고 있었지만 말이다.

믿음직한 사람이 되고 싶었다. 인간관계 속 타인의 모든 대화를 내가 알았으면 했다. 나만 빼고 무언가를 행한다는 사실은 정말 믿기지 않았다. 나보다 다른 사람들의 관계가 친밀한 것 같으면 불안했다. 어릴 적부터 평탄하지 못한 과거를 탓하기도 하였으나, 이겨내는 건 내 몫이었다. 과거는 죄가 없었다. 물론 수십 명이 가득한 교실에서 미움을 받지 않겠다고 고군분투하며 눈치 보던 부분은 조금 부끄러웠다. 그러나 나는 돌아가도 같은 선택을 했을 것이다. 지금의 나도 그때와 다를 바가 없었기에. 우스갯소리로 그런 말이 나돌았다.

"사람들에게 사랑받고 싶어서 노력하면 세상에서 가장 사랑받는 시체가 된다."

 나는 시체가 되어서라도 사랑이 받고 싶었다. 사람들의 따스한 시선과 말이 내게는 간절했다. 내가 택한 건 사람들의 험담을 들어주는 것이었다. 마치 사람들의 울음 섞인 고해성사를 들어주는 성직자처럼 나는 그들의 이야기를 들어주느라 자주 밤을 새웠다. 나마저 이들의 이야기를 듣지 않으면 안 된다는 책임감과 그래도 나를 믿고 선택받았다는 그 묘한 희열이 나를 감쌌다. A는 B를 미워했다. 그래서 B의 모든 것을 깎아내리기 시작했다. 말투부터 생김새, 여러모로 가증스럽다는 둥 심한 말을 퍼부었다. B는 C를 증오했다. 나는 얼떨결에 B와 C의 치부를 들었다. 놀랍게도 나는 위 모든 세 사람과 친밀한 사이였다. 아니, 그렇다고 생각했다.

내게 험담을 늘어놓은 A와 B는 잘 지냈다. 서로 안부를 묻고 친밀하게 굴었다. 견고하게 짜인 가면을 쓰고 서로를 관찰했다. 틈만 나면 내게로 달려와 험담을 해댔다. 그것들은 나이테처럼 켜켜이 쌓여 목구멍을 가득 채웠다. 두려웠다. 자칫하면 내가 이 모든 걸 다 뱉을 것 같았다.

"그런데 넌 뭐 하고 지내?"

 그들은 험담 뒤엔 꼭 내 이야기를 물어보았다. 내가 무엇을 하고, 어떻게 지내는지. 지금 하는 일은 잘하고 있는지, 그만두지는 않았는지 등등. 별 뜻 없는 안부 인사라고 여기면 참 좋으련만. 내 촉이 싸하다고 울부짖었다. 마치 내가 이야기하면 그들이 보이지 않는 곳에서 내 험담을 할 것만 같은 기분이 들었다. 그런 질문을 들을 때면 숨이 턱 막혀서 얼버무리기 바빴다. 절대로 내 이야기를 너희의 유희거리로 삼지 않겠다는 의지를 다지면서 말이다.

 스물네 명이 빼곡하던 학창 시절의 교실에서 나는 눈동자만 데굴데굴 굴렸다. 치기 어린아이들은 매 학기 미워할 아이를 선별했다. 이건 따돌림도 아니었고, 단순한 놀이였다. 어떤 계기로 선택받은 아이는 한 학기 혹은 학년이 끝날 때까지 온갖 험담

과 맞서 싸웠다. 폭력이라기엔 미미하고, 그렇지만 평범하지만
은 않은 대우를 받았다. 그리고 그 가운데 항상 내가 있었다.

 사람들과 멀어지는 건 내 의지가 아니었다. 나는 늘 떠나지 말
라고 애원하는 쪽이었으며 사람들은 내 효용 가치를 평가한 뒤
떠났다. 매시간 끝없이 울리던 메신저 알림창엔 아무것도 뜨지
않았다. 온종일 휴대전화를 바라보며 시간을 죽이던 어느 날,
나는 시 속 서술자처럼 다짐했다. '어차피 나는 일회용이었으니
까, 외로움은 외로움으로 이기면 돼.'

 무소의 뿔처럼 혼자 가라는 싯다르타의 불경을 외우면서
가시를 세웠다. 어둠 속에 갇혔던 수많은 시간을 되뇌면서 마음
을 가다듬었다. 간이고 쓸개고 다 빼줄 것처럼 굴던 사람들은
한순간에 손을 놓았다. 모든 것의 끝을 매번 예감했다. 놓지
못하는 건 내 쪽이었다. 나는 여전히 사람을 좋아했고, 외로움과

대적하고 싶지 않았다. 사람들은 언제나 내게 타인의 험담을 늘어놓았다. 나는 그들의 성직자가 되어서 모든 고해성사가 끝나기를 기다렸다. 그것이 과연 옳았을까?

어쩌면 나는 친밀함을 빌미로 사람들의 심연을 들여다보고 싶었다. 나만 아는 무언가가 필요했다. 모두가 연결되는 세상에서 나만 동떨어지는 경험은 싫었다. 집착과 괴로움은 어디서 생기는 걸까. 왜 사람은 외로울 때 더욱 깊이 들어가고 싶은 걸까. 나는 가끔 키우지도 않는 강아지가 떠나가는 걸 상상했다.

허상의 강아지는 내 손등을 핥다가 동그란 눈으로 나를 뚫어지게 바라보았다. 조금의 온기를 그리워했던 나는 그것을 껴안았다. 신기루가 되어서 사라지는 강아지는 원래부터 이 세상에 없었다. 작업실에 앉아 내 이야기를 쓸 때면 자주 멈칫했다. 타인이 나를 아는 게 싫었다. 참 이상했다. 나는 타인의 모든 걸 알고 싶었지만, 막상 내 이야기는 꺼렸다. 높은 건물들이 즐비한 도시에 사는 나는 태양이 옥상을 가리는 걸 알았다. 가끔 거짓말로 타인을 헷갈리게 만드는 걸 즐겼다. 관계의 끝이 다가오고 있다. 그저 겸허하게 받아들일 준비를 해야겠다.

이 한 솔

외로움에 관한 어떤 전설,
별을 사랑한 아이, 외로움과 아이,
메아리

1. 외로움에 관한 어떤 전설(前說)

지금으로부터
멀리 떨어진 시간
아무것도 없던 우주에
무언가가 고였다
눈물처럼
말 없는 웅덩이처럼
높은 성의 망루에 쌓이는 눈발처럼

그것이 점점이
농도를 갖게 되고
점점이
무게를 갖게 될 무렵
고이고 고이다
우주보다 더 짙어진
어느 날
문득
그것은

떨어져 버렸다
살이 발리듯
혼이 갈리듯

섬광도 거대한 폭발도 없었다 다만 그것은 소리 없이 고요히 분리되었을 뿐이다 그것은 흔히 생각하는 블랙홀이나 화이트홀처럼 주위의 모든 것을 끌어당겨 흡수하거나 혹은 반대로 내뱉지 않았다 그것이 바로 모든 것 그 자체였다 하지만 그럼에도 이곳에 나 아닌 다른 무언가가 있으리라 믿는 순진한 마음이 있었다 사실이 아님을 알면서도 무작정 믿고 싶은 순진한 마음이 둑처럼 쌓였다 그러나 실망이 새어 나오는 것도 어쩔 수 없었다 저도 모르게 흘러나온 저도 모르던 마음이 저도 모르는 새에 그렇게 떨어져 나온 것. 그것은 알려줄 이가 없어 알 수 없는 감정이었다.

우주로부터
외따로 떨어져 나간 그것이
우주에서 최초로 태어난 그것이 앞뒤 없이 고개를 흔들었다
최초의 핏덩이였다
외로움이었다

첫날
외로움은 이 드넓은 우주에 혼자라는 사실이 외로워 숨죽여 울었다.
둘째 날
외로움은 이 드넓은 우주에 혼자라는 사실이 사무쳐 엉엉 울었다.
셋째 날
외로움은 이 드넓은 우주에 혼자라는 사실이 아파서 발버둥 치며 울었다.
넷째 날
외로움은 울음이 제 일인 양 울었다, 울다 울다 지쳐 쓰러질 때까지 울었다.
다섯째 날, 여섯째 날, 일곱째 날,
외로움은 영영 그치지 않을 것처럼 울었다.
외로움은 제 눈물에 녹아버렸다.

눈물들은 모두 시간에 쓸려갔다.

시간은 외로움의 눈물로 별을 빚었다.
눈물은 싹을 틔우고
별들은 반짝였다.
어느새
우주는
알 수 없는 신호들로 가득 찼다.
저마다 외롭다고 외쳤지만
의미는 전달되지 않았다.
우리는 모두 외로움으로부터 났다.
외로워서
외로워서, 외로워서, 외로워서
신은 아마 어둡고 외로워서 이 세상을 창조했으리라.

2. 별을 사랑한 아이

아주아주 커다란 밤하늘 도화지 위에
새콤달콤한 반짝이 가루를 뿌려 놓은 것 같아.

까맣게 빛나는 눈으로
아이는 생각했다.

아이는 별을 사랑했다.
별을 보고 있으면 어둠도 무섭지 않았다.
아이는 하루 종일 밤이 오기만을 기다렸다.

그러던 어느 날,
여느 밤과 똑같던 어느 밤

별 하나가 아주 밝게 깜박거리더니
곧 사라져 버렸다.
영영 사라져 버렸다.

사라진 별은 어디로 갈까.
사라진 별은 어디로 간 게 아니야.
끝이 난 거야.
다시는 보지 못하게 된 거야.
엄마처럼, 아빠처럼.

사람이 죽으면 별이 된다면서요.
그런데 별은 죽으면 무엇이 되나요?

별들은 고요했다.
고요히 빛날 뿐이었다.

아이는 사라진 별을 찾기 위해
여행을 떠났다.

3. 외로움과 아이

공허의 터에 손님이 찾아왔다. 오랜만의 손님이기에
외로움은
설레는 마음으로 손님을 맞이할 준비를 했다.

외로움이 나루터에 나가 배를 기다리는데 멀리 보이는 배에는 아무도 타고 있지 않은 것처럼 보였다. 긴 기다림 끝에 배가 느릿느릿 나루터에 도착했다. 비어 보였던 배 안에는 어린아이가 웅크려 곤히 잠들어 있었다.

아직
어린아이잖아.
외로움은 허탈한 목소리로 말했다.

온종일

그렇게 기대하며 맞이한 손님은 어린아이였다.

외로움은 기대를 했던 만큼 서글퍼졌다.

넌 어떻게 여기 오게 되었니?

부스스 눈을 뜬 아이가 외로움의 텅 빈 눈을 바라보며 말했다.

별이 죽으면 뭐가 되는지 궁금해서 오게 되었어요.

그게 왜 궁금하니.

별을 사랑하니까요.

사랑이 뭔지 아니?

사랑은 주고도 주고도 또 주고 싶은 마음이에요.

내 모든 시간을 다 주고도 더 주고 싶은 마음이에요.

외로움은

목이 메었다.

그런데도 너는 외로웠구나.
여기는 외로워서 죽게 된 존재만 올 수 있는 곳이거든.

아이는 주위를 두리번거렸다.
그런데 여긴 어디에요?
별이 죽으면 오는 곳이란다.
별들은 다들 외로워하거든.

외로운 게 뭐에요?
이 드넓은 우주에 나 혼자만 떨어져 있다고 생각하는 거란다.
별들은 하늘에 다 같이 있는데 왜 혼자라고 생각해요?
다 같이 있는 것처럼 보여도 사실은 아주 아주 멀리 떨어져 있거든. 도저히 만날 수 없을 만큼 먼 거리에.
하지만 별들은 저한테 와서 늘 인사하는걸요. 그렇게 멀리에서도 저를 위해 빛을 보내주는걸요. 별을 보고 있으면 어둠이 무섭지 않아요. 별들이 함께 있어 주는 것 같아서요.

아이의 눈이 까맣게 반짝였다.
영영 사라진 별 하나가 그 안에 있었다.
외로움은 아이가 어떻게 이곳에 오게 되었는지 이해하게 되었다.

영원히 닿을 수 없던 것들이
아이의 시선 속에서
영원히 맞닿게 되었음을 외로움은 알게 되었다.

너는 이곳에 있어선 안 돼. 이제 그만 돌아가렴.
그냥 여기에 있으면 안 될까요? 여긴 별로 어둡지도 않은데 별들이 더 많은 것 같아요. 하루 종일 밤이 되길 기다리기만 하는 게 점점 힘들어요.

외로움은 고개를 저었다.

별이 보이지 않는다고 밤을 기다릴 필요 없단다. 별들은 늘 제자리에 있기 때문이지. 당장 보이지 않을 뿐이란다. 사라진 별들도 마찬가지야. 모두 원래의 자리로 돌아갈 뿐이란다.

그러니 너도 원래 있던 곳으로 돌아가야 해.

아무도 나를 찾지 않더라도요?

그래. 언젠가 누군가 너를 찾기 위해서는 네가 제자리에 있어야지.

아이는 가물가물 졸음이 몰려오는 것을 느꼈다. 또한 자고 일어나면 이 모든 것이 사라질 것임을 직감했다.

또 만날 수 있을까요?

너는 별들이 함께 있다고 믿지 않니?

네.

그럼. 걱정할 필요가 없겠구나.
아이는 그제야 미소를 지으며 눈을 감았다.

외로움은 홀로 남아 아득히 별들을 바라보았다.
별들이 제각기 외롭다고 외치고 있었다. 외로움은 처음으로 그것이 안쓰럽게 느껴졌다.
우리가 함께 있어.
만나지 못해도.
우리가 비록
다른 속도 다른 궤적 다른 방향으로 돌고 있다 하더라도
함께 있으므로 서로를 비춰주고 있었다.

외로움은 처음으로 이 드넓은 우주가 빛으로 가득 차 있다고 느꼈다.

4. 메아리

안녕?
안녕?

넌 요즘 어떻게 지내?
넌 요즘 어떻게 지내?

나는 잘 지내고 있어
나는 잘 지내고 있어

부탁이 하나 있는데
부탁이 하나 있는데

나한테
나한테

잘 하고 있다고 한 번만 얘기해 줄 수 있어?
잘 하고 있다고 한 번만 얘기해 줄 수 있어?

한 번만. 딱 한 번만 얘기해 주면 되는데
정말 어떻게 안 될까?
한 번만. 딱 한 번만 얘기해 주면 되는데
정말 어떻게 안 될까?

아냐, 됐다. 내가 너랑 무슨 얘길 하겠냐
아냐, 됐다. 내가 너랑 무슨 얘길 하겠냐

그래

그래

...

...

너 잘 하고 있어
너 잘 하고 있어

지금 이대로
지금 이대로

충분해
충분해

시의 해제(解題)

 긴 시간 외로웠습니다. 혼자 있어도, 많은 사람들 사이에 있어도, 외로움은 쉬이 가시지 않았습니다. 정말 잘 지내는 것처럼 보이는 사람들도 각자의 이유들로 조금씩은 외로워지더라구요. 우리는 어떻게 이 모든 것을 느낄 수 있을까요. 우리가 모두 같은 감정을 느낀다는 것이 놀랍지 않나요? 그것은 아마도 우리가 같은 곳에서 태어났기 때문이겠죠. 이 외로움이 어디서 왔을까 고민하다가 우리는 모두 외로움에서 났다는 사실을 알게 되었습니다. 그렇게 생각하자 모든 것들이 외로워 보였습니다. 태양이, 달이, 별이, 결코 진실로 닿을 수 없는 우리가.

우주는 얼마나 외로웠을까. 그리고 또 시간은. 외로움은 얼마나 외로울까. 정말 외로울 때는 이 모든 것들이 어디서 왔는지를 상상해 보곤 합니다. 정답은 없겠지만 마음이 한결 풀어지곤 합니다. 이것을 시로도 동화로도 만들어보고 싶었습니다.

1. <외로움에 관한 어떤 전설(前說)>은 전설(傳說: 옛날부터 민간에서 전하여 내려오는 이야기)이 아니라 전설(前說 : 전 사람이 남겨놓은 말) 이길 바랍니다. 오래된 것이 아니라 비교적 새로운 것, 새로운 신화를 만들어보고자 하는 시도가 될 수 있길 바랍니다. 유일한 것, 홀로인 것은 얼마나 외로울까요. 만약 신이 있어 세상을 창조했다면 이는 신조차 외로웠기 때문이라고 생각했습니다.

그리고 이 시에서 가장 중요하게 생각한 것은 시간입니다. 아무 일도 일어나지 않을 때에는 시간조차 존재하지 않았겠지요. 시간은 변화의 다른 말이라고 생각합니다. 외로움의 눈물을 쓸어주고(닦아주고) 그 눈물로 외로움이 외롭지 않게 별을 만들어 주는 시간은 사실 외로움을 위로해 주고 싶었을 것입니다. 늘 곁에 있는 존재를 알아채지 못한 채 각자가 자신만이 외롭다고 생각하는 별들과 해결할 수 없는 외로움에 대한 글이었습니다.

2. <별을 사랑한 아이>는 먼 우주의 작은 지구에서 별을 바라만 보던 아이가 문제를 발견하는 순간을 포착합니다. 아무리 멀리 있어도, 별이 빛나는 것이 꼭 자신만을 위한 것이 아님을 알더라도 아이는 별을 사랑할 수 있고, 그로 인해 사라지는 별의 행방

을 궁금해합니다.

사실 화자인 아이도 엄마 아빠를 잃고 외로운 아이입니다. 그렇기에 아이는 자신을 위로해 줄 별들을 기다리며 밤이 되기만을 바라고 있습니다. 그리고 아이는 자신을 반기는 존재가 없다고도 생각합니다. 망설임 없이 여행을 떠날 수 있는 이유이기도 합니다. 그렇지만이조차도 별에 대한 사랑이 없으면 선택할 수 없는 여정이기에 아이의 모험은 커다란 의미가 있습니다.

3. <외로움과 아이>에서 말하고 싶었던 것은 우리는 누구나 외로울 수밖에 없는 존재들이지만, 연결되고자 하는 마음이 있다면 언제든 서로에게 손을 내밀 수 있다는 것입니다. 우리가 모두 같은 존재라는 사실을 인식하게 됨으로 우리는 혼자인 존재가

아니라 여럿인 존재가 될 수 있을 것입니다. 물론 그렇다고 해서 우리가 외로운 존재라는 본질이 바뀌지는 않지만 적어도 이 세상이 가능성으로 가득 차 있다는 것은 알 수 있을 것입니다. 안다는 것만으로도 큰 위안이 될 수 있을 것입니다.
1-3까지의 시는 연작으로 하나로 이어지는 내용입니다.

4. <메아리>는 힘든 시간을 보내고 있는 청년들에게 지금도 충분히 잘하고 있다는 메시지를 전하고 싶어 쓰게 되었습니다.

화자가 메아리에게 안부를 묻는 장면 등은 외로움에서 기인했습니다. 그렇기에 큰 맥락에서 외로움이라는 주제와 결부되어 있습니다.

한편 다른 누군가의 인정이 필요할 때, 그 인정은 사실 스스로도 해 줄 수 있다는 사실을 우리는 종종 잊고 살아가는 것 같습니다. 늘 자기 자신의 목소리를 듣고 대화를 해 나간다면 진정으로 원하는 삶을 살아가 수 있으리라 믿습니다.

나의 이야기

▲ <가시나무> 김다솔

시유 <두 고백> ▲

▲ <구 도메>

김 다 솔

가시나무

'내 속엔 내가 너무도 많아 당신의 쉴 곳 없네.'
이 노랫말은 내 마음속 깊이 자리한 혼란스러운 감정들과 두려움을 나타내는 것만 같다.

사람을 좋아했던 내가 사람을 두려워하게 된 건 너무도 빠르게 찾아온 변화였다. 사람이 좋아서 영상을 전공했고 사람들 속에서 에너지를 얻으며 살았다. 업무로 밤을 새우며 힘들어도 조금만 더 힘내자고 다독이며 사람들과 작품을 완성해 나가던 일들이 나의 전부였다.

그러던 내가 사내 괴롭힘을 겪으며 모든 것이 달라졌다. 매일 아침 회사로 향하는 길이 지옥 같았고 모든 걸 포기하고만 싶었다. 그러다 어느 날은 아예 움직이지 못하게 됐다. 회사 휴게실에서 쏟아지는 눈물을 꾹꾹 참으며 '조금만 더 버티자' 되뇌던 그 시간들이 아직도 생생하다.
 결국 모든 걸 내려놓고 부모님이 계신 곳으로 돌아온 뒤, 내 안에 있던 모든 것이 무너졌다. 사람으로 받은 상처는 사람에 대한 거대한 공포로 돌아왔다.

 사람이 무서워진 나는 늦은 밤이나 새벽에만 겨우 밖으로 나갔고 대낮에 거리를 걷다가 누군가와 눈이 마주칠까 봐 조마조마했다. 어떤 때는 사람과 마주치는 게 싫어서 피해 가다가 차 뒤에 쭈그리고 앉아 숨을 죽인 적도 있었다. 이성은 내가 잘못 생각하는 거라고 이건 모두 피해 망상일 뿐이라며 자책했다. 차 뒤편에 쭈그리고 앉아 느꼈던 자괴감과 절망감이 아직도 떠오른다.

그렇게 숨어 살다 보니 어느새 가족의 얼굴조차 마주하기 어려
워졌다. 방 안에 틀어박혀 그 누구도 없는 세상으로 숨어들고
싶었다. 하지만 나를 괴롭히는 건 세상이 아니라 내 속의 '나'였
다. 불안과 두려움을 가진 여러 명의 내가 속삭이듯 나를
원망하고, 도망칠 틈조차 허락하지 않았다.
 그나마 병원의 도움을 받으며 여러 계절을 보내고 나서야 나는
조금씩 원래의 나를 되찾아 갔다. 놀랍게도 어느 순간 다시
사람을 그리워하는 마음이 생겨났다. 혼자라는 고립감이 점점
외로움으로 바뀌어 누군가와 대화하고 싶다는 마음이 생겨
난 것이다.

 그렇게 오랜 기간 모두와의 연락을 끊었던 나는 처음으로 용기
를 내어 오래된 메시지들에 답장을 보냈다. 그 답장 하나에도
손이 떨렸지만, 누군가와 연결되어 있다는 사실이 묘한 위안을
주었다.

그러다 대학교 동기로부터 연락이 왔다.

"오랜만이다! 잘 지내? 얼굴 좀 보자."

오랜만에 보는 친구의 메시지가 반갑기도 했지만, 동시에 두려움이 밀려왔다. 무업 백수 기간만 3년째, 아무것도 없는 커리어, 어느덧 30대 중반에 들어서 예전과 달라진 내 모습을 보여주기가 부끄러웠다.
약속 날짜가 다가올수록 내 안에서는 두려움이 점점 커졌다.

'지금의 엉망인 모습을 보여줘서 비웃음 당할 거야?'
'다시 사람한테 상처받고 싶어?'

이런 생각들이 머릿속을 떠돌며 나를 옥죄었다. 결국 약속 전날 바쁘다는 핑계를 대며 만남을 취소하고 나서야 불안감에서 벗어날 수 있었다. 하지만 그 후 찾아온 우울, 자괴감, 고독감이 나를 휩쓸고 가장 밑바닥으로 내팽개쳤다.

'처음부터 연락을 받지 말걸.'
'내가 왜 스트레스받는 일을 만들었을까?'

하는 후회와 자책이 나를 더 깊은 어둠 속으로 밀어 넣었다.
사람이 좋아서 먼저 다가가고 웃으며 대화했던 시절이 있었다.
사실 그때의 감정이 어땠는지 이제는 잘 기억나지 않지만, 사람이 두렵지 않았고 잘 웃었던 것 같다.

이후 1년의 세월이 지났다.
그동안 나는 조금씩 더 나아질 수 있었고 몇몇 친구들과 만나며 예전의 나를 되찾아 가고자 노력했다. 하지만 사람을 만날 때마다 속에서 들려오는 두려움과 후회의 목소리는 여전히 나를 따라다닌다. 약속을 잡고 대화를 나누는 동안에는 설레기도 하고 신이 나지만, 만남 직전에는 불안하고 무섭다.

나는 여전히 '사람이 좋다'는 감정과 '사람이 무섭다'는 감정 사이에서 헤매고 있다. 어떨 때는 이 두려움을 평생 안고 가야 할지도 모른다는 생각에 앞이 깜깜하기도 하다. 하지만 두려움을 있는 그대로 받아들이고 인정하려 애쓰다 보면 다시금 누군가에게 다가가 웃어줄 수 있는 사람이 되지 않을까?

해가 뜨기 전이 가장 어둡다는 말이 있다.
아직 내 인생에는 해가 뜨지 않았고 어둠이 오래도록 자리 잡고 있지만 어쩌면 이 어둠 속에서도 적응하며 나름의 길을 찾아가고 있다고 생각한다.
그래서 언젠가는 같은 어둠 속에 있는 사람들의 손을 잡고 그들을 위로해 줄 수 있는 사람이 되고 싶다.

서 윤

두 고백

1. '내 속엔 내가 너무도 많아 당신의 쉴 곳 없네.' 이 노랫말은 내 마음속 깊이 자리한 혼란스러운 감정들과 두려움을 나타내는 것만 같다. - 가시나무 본문 내용 中

가시나무의 가사네요. 청년들이 흔히 겪는 어려움을 대변해 주는 노랫말인 것 같아 공감이 갑니다. 저의 경우 자우림의 '팬이야'라는 노래의 노랫말이 인상적이었습니다. 그 노래 가사 중 내 보일 것 하나 없는 나의 인생에도 어떠한 사건이 필요하다고, 지지 않고 매일 살아남기 위해서라고 하였지요. 저에게도 '어떠한 사건'이 필요합니다. 지지 않고 하루하루 살기 위해서요. 하지만 저에게 그러한 사건이 왔었냐고 물어본다면 '아니오'입니다. 하지만 희망을 잃지 않고 곧 그 사건이 나에게, 올 것임을 믿고 살아갑니다. 아마 그 '사건'은 평생 오지 않을지도 몰라요. 하지만 믿는 거죠. 언젠가 그날이 올 거라고요. 곧 올 거라고.

2. 사람을 좋아했던 내가 사람을 두려워하게 된 건 너무도 빠르게 찾아온 변화였다. 사람이 좋아서 영상을 전공했고 사람들 속에서 에너지를 얻으며 살았다. 업무로 밤을 새우며 힘들어도 조금만 더 힘내자고 다독이며 사람들과 작품을 완성해 나가던 일들이 나의 전부였다.

과거 저는 사람을 좋아하는 성향이 아니었습니다. 사람들에게 상처를 받아 힘들었던 적도 있었지요. 그런데 이상하게 요즘은 아는 사람들과 더 대화하고 싶고, 그들에 대해 더 알아가고 싶고 그렇더군요. 그걸 보니, 제가 타인에게 받았던 상처도 100%는 아니지만 조금 아물어졌나 싶더군요.

3. 그러던 내가 사내 괴롭힘을 겪으며 모든 것이 달라졌다. 매일 아침 회사로 향하는 길이 지옥 같았고 모든 걸 포기하고만 싶었다. 그러다 어느 날은 아예 움직이지 못하게 됐다. 회사 휴게실에서 쏟아지는 눈물을 꾹꾹 참으며 '조금만 더 버티자' 되뇌던 그 시간들이 아직도 생생하다.

당신의 힘들었던 그 때가, 얼마나 힘들었을지 감히 알지 못합니다. 하지만 그런 제가 당신에게 하고픈 말은 누구나 어두운 면을 가지고 있으며, 과연 빛이 존재하기나 할까? 생각하는 시기를 가졌다고 말할 수 있습니다. 저 또한 그랬습니다.

중학교 시절은 제가 그리 좋아하지 않는 시기, 힘들었던 시기였습니다. 그때 당시 저는 시력이 좋지 않았음에도, 안경을 쓰지 않았습니다. 그냥 안경을 쓰기 싫어서 쓰지 않았던 시기였지요. 그리고 자리 배정을 받던 날, 맨 뒷자리에 배정을 받았지요. 그리고 수학 시간, 정말 쉬운 문제를 선생님이 저에게 답이 뭐냐고 물어보았죠. 하지만 저는 아무 말도 못 했어요. 눈이 안 보여서 모르겠다는 말이 목에서 안 나오더군요. 평소 저는 내성적인 아이였어요.

사건 이후 일부 학생들이 저를 무시하는 일이 있었죠. 심한 괴롭힘은 아니었지만, 청소 시간 저만 두고 다른 아이들은 청소 시간을 일부러 빼먹는다거나 그런 일들이 있었죠. 1:1이면 저에게 당당하게 똑같이 그런 행동도 못 할 아이들이 왜 무리를 지으면 당당해지는 걸까요? 저는 성실히 제 할 일을 할 뿐이었고 청소도 그저 묵묵히 했었죠.

그들은 지금 잘 살까요? 사실 그건 저에게 중요하지 않습니다. 왜냐하면 결국 저부터가 잘 살아가면 되는 것이니까요.

4. 결국 모든 걸 내려놓고 부모님이 계신 곳으로 돌아온 뒤, 내 안에 있던 모든 것이 무너졌다. 사람으로 받은 상처는 사람에 대한 거대한 공포로 돌아왔다. 사람이 무서워진 나는 늦은 밤이나 새벽에만 겨우 밖으로 나갔고 대낮에 거리를 걷다가 누군가와 눈이 마주칠까 봐 조마조마했다. 어떤 때는 사람과 마주치는 게 싫어서 피해 가다가 차 뒤에 쭈그리고 앉아 숨을 죽인 적도 있었다. 이성은 내가 잘못 생각하는 거라고 이건 모두 피해 망상일 뿐이라며 자책했다. 차 뒤편에 쭈그리고 앉아 느꼈던 자괴감과 절망감이 아직도 떠오른다.

살아보면 누구나 세상이 무너지는 경험을 해 보는 것 같아요. 정도의 차이만 다를 것이라고요. 누구나 사람에게, 믿었던 사람에게 데인 적이 있잖아요. 아 그렇다고 누구나 다 그런 경험이 있다고 해서 당신의 상처를 정당화하거나 그러니 괜찮다고 말하는 거 아니에요. 다만 당신의 경우 그 상처가, 데인 크기가 상대적으로 크고도 깊었던 것은 아니었을까라고, 조심스럽게 추측해 봅니다. 저 또한 믿었던 사람에게 뒤통수를 맞은 적이 몇 번 있습니다. 믿었던 사람일수록, 내가 좋아했던 사람일수록, 제가 진심으로 그 사람에게 주었던 마음의 크기가 클수록, 저에게 돌아오는 배신감은 비례하더군요.

저의 경험에 비춰 당신의 상처에 대해 지레짐작할 수밖에 없어요. 하지만 '당신의 상처가 어떻게 하면 빨리 나을까?'가 아닌 '어떻게 해야 흉터 없이 건강하게 새살이 돋을까?'를 같이 고민하고 싶어요.

고백건대, 제가 받은 상처도 아직 다 깨끗하게 아물지 않았거든요.

5. 그렇게 숨어 살다 보니 어느새 가족의 얼굴조차 마주하기 어려워졌다. 방 안에 틀어박혀 그 누구도 없는 세상으로 숨어 들고 싶었다. 하지만 나를 괴롭히는 건 세상이 아니라 내 속의 '나'였다. 불안과 두려움을 가진 여러 명의 내가 속삭이듯 나를 원망하고, 도망칠 틈조차 허락하지 않았다.

가족을 멀리하고, 제 방에만 틀어박힌 채, 저만의 동굴에서 살았던 적이 있습니다. 대학교 졸업 후 취업이 쉽게 되지 않았습니다. 면접은 몇 차례 보았지만 다 낙방이었습니다. 그리고 저는 혼란스러웠습니다. '내가 진짜 원하는 일이 뭐지?' 내가 좋아하는 것과 잘하는 것이 무엇인지도 알기도 전에 저는 전공학과와 관련된 회사에 붙으려 노력했습니다. 거기서 제 자아의 괴리감이 나타났습니다. 혼란스러웠죠. 매번 저만의 동굴에 들어가 물었죠. 저에게 스스로 물었어요. 그래서 결국 '나는 무엇을 하려고 태어난 것일까?'라는 근본적인 질문까지 하게 되었답니다.

6. 그나마 병원의 도움을 받으며 여러 계절을 보내고 나서야 나는 조금씩 원래의 나를 되찾아 갔다. 놀랍게도 어느 순간 다시 사람을 그리워하는 마음이 생겨났다. 혼자라는 고립감이 점점 외로움으로 바뀌어 누군가와 대화하고 싶다는 마음이 생겨난 것이다.

인간은 '홀로 외로운 섬'이라고 하지요. 하지만 하나의 섬이 '무언가'와 연결되어야 섬의 역할을 한다고 생각해요. 우리는 각자의 독립된 섬이지만 서로 연결된 길이 있기에 살아갈 수 있겠지요.

그래서 우리는 바닷물이 빠지면 연결된 통로로 서로 드나들고, 때로는 바닷물이 차오르면 다시 혼자만의 시간을 갖는 것인지도 모르겠어요.

당신의 상처가, 조금씩 회복되었음을, 다시 사람을 그리워했다는 마음이 들었다는 게 저에게 묘한 동질감을 안겨다 줍니다. 당신도 나도 상처 자국 없이 깨끗이 낫길 바란다면 저의 괜한 욕심일까요?

7. 그렇게 오랜 기간 모두와의 연락을 끊었던 나는 처음으로 용기를 내어 오래된 메시지들에 답장을 보냈다. 그 답장 하나에도 손이 떨렸지만, 누군가와 연결되어 있다는 사실이 묘한 위안을 주었다.

나 또한 당신과의 답장을 쓰면서 당신과 연결되어 있다는 사실에 뭉근한 위로를 받습니다.

내가 지금 쓰고 있는 이 답장이 당신에게는 어떻게 느껴질지 모르겠습니다.

하지만 제가 당신에게 답장을 쓰며 위안을 받고 있듯 당신도 나의 답장을 보며 조금이나마 작은 위로가 되길 바랍니다.

8. 약속 날짜가 다가올수록 내 안에서는 두려움이 점점 커졌다.
'지금의 엉망인 모습을 보여줘서 비웃음 당할 거야?'
'다시 사람한테 상처받고 싶어?'
이런 생각들이 머릿속을 떠돌며 나를 옥죄었다. 결국 약속 전날 바쁘다는 핑계를 대며 만남을 취소하고 나서야 불안감에서 벗어날 수 있었다. 하지만 그 후 찾아온 우울, 자괴감, 고독감이 나를 휩쓸고 가장 밑바닥으로 내팽개쳤다.
'처음부터 연락을 받지 말걸.'
'내가 왜 스트레스받는 일을 만들었을까?'
하는 후회와 자책이 나를 더 깊은 어둠 속으로 밀어 넣었다.

우울, 자괴감, 고독, 후회와 자책감, 당신을 어둠 속으로 빠지게 하는 그 감정들....

저도 이 감정들의 이름을 압니다. 아니요. 사실은 이름 말고도 그 감정이 어떤 성격인지도 알지요. 저도 겪어보았으니까요. 자주 이 감정들을 접하였다는 사실을 당신도 알까요?

자꾸 내 기분을 저하하는 우울감. 나를 괴롭게 하는 자괴감, 그때 왜 그랬을까? 하는 후회와 혼자 쓸쓸하게 남아 있는 것에 대한 고독. 나를 책망하는 자책감까지.

이것들은 다 부정적인 감정일까요? 느끼면 안 되는 감정일까요? 그대는 어떻게 생각하세요? 저는 느껴도 된다고 생각해요. 충분히. 이 '충분히'의 충분히가 어느 정도의 충분인지는 사실 저도 잘 몰라요. 하지만 너무 길어지기 전에, 잠식되기 전까지는 허용해도 괜찮지 않을까라고 생각해요. 내가 잡아 먹히기 전까지만 말이에요. 부정적인 감정들이라고 나를 '부정'하지 말아주세요. 그 감정들도 어쩌면 소중한 것인지 몰라요. 사실 저에게는 우울이라는 감정은 자주 찾아오지만, 고독감은 아주 어쩌다 찾아오거든요. 그래서 고독감이라는 감정이 어땠는지, 그 성격이 어땠는지 잊어버리고 살 때가 많지요. 아아. 자꾸 이야기가 새어나가네요.

제가 하고 싶은 말은 당신이 느끼는 어떤 감정이든 소중하게 여기길 바라요. 부정적인 감정을 소중하게 온전히 느낀 사람이 긍정적인 감정 또한 소중히 여기거든요. 그리고 긍정적인 감정들, 예컨대-사랑과 애정, 다정함, 뿌듯함, 성취감, 편안함처럼 긍정적인 감정이 있어야 부정적인 감정도 존재하거든요.

또 부정적인 감정이 있는 한 긍정적인 감정도 있는 거예요. 왜냐하면 마이너스(-) 플러스(+) =제로(0)니까요. 누군가에게 애틋함을 느낀 나의 미래 저편에는 슬퍼서 눈물을 흘리는 제가 존재해요.

현재 우울함을 가진 나의 과거에는 밝고 환하게 웃고 있는 내가 있었지요.

우리는 지금 감정에 대해서 이야기하고 있어요. 그대는 지금 어떤 감정을 느끼고 있나요? 그 감정의 저편에는 무엇이 있나요?

9. 사람이 좋아서 먼저 다가가고 웃으며 대화했던 시절이 있었다. 사실 그때의 감정이 어땠는지 이제는 잘 기억나지 않지만, 사람이 두렵지 않았고 잘 웃었던 것 같다.

저에게도 사람들과 '하하 호호'하며 아무런 편견과 색안경을 끼지 않고 타인을 믿고 이야기하던 시절이 있었지요. 언제부터일까요? 저에게 인복이 없다는 생각이 든 것은. 아마 지쳤던 것 같아요. 사람들에게 데이고 상처받고 믿었던 사람들에게 배신이라는 형태를 받은 여러 차례 이후. 그래요. 생각했어요. '왜 나에게는 좋은 사람이 나타나지 않는 걸까? 아아. 내가 아직 좋은 사람이 아니어서 그런가?'라는 생각을 했지요. 그래서 더 나은 사람이 되려고 노력했어요. 그럼에도 저는 여전히 인복이 없었지요. 계속 그렇게 지쳐갔던 것 같아요. 인간관계에 대해 회의감이 들었던 게 말이지요.

10. 이후 1년의 세월이 지났다. 그동안 나는 조금씩 더 나아질 수 있었고 몇몇 친구들과 만나며 예전의 나를 되찾아 가고자 노력했다. 하지만 사람을 만날 때마다 속에서 들려오는 두려움과 후회의 목소리는 여전히 나를 따라다닌다. 약속을 잡고 대화를 나누는 동안에는 설레기도 하고 신이 나지만, 만남 직전에는 불안하고 무섭다.

아아, 양가적인 감정을 받았군요. 앞서 말했듯이 긍정적인 감정과 부정적인 감정은 서로 붙어 있어요. 서로 떼려야 뗄 수 없는 사이인 거죠.

11. 나는 여전히 '사람이 좋다'는 감정과 '사람이 무섭다'는 감정 사이에서 헤매고 있다. 어떨 때는 이 두려움을 평생 안고 가야 할지도 모른다는 생각에 앞이 깜깜하기도 하다. 하지만 두려움을 있는 그대로 받아들이고 인정하려 애쓰다 보면 다시금 누군가에게 다가가 웃어줄 수 있는 사람이 되지 않을까?
해가 뜨기 전이 가장 어둡다는 말이 있다.
아직 내 인생에는 해가 뜨지 않았고 어둠이 오래도록 자리 잡고 있지만 어쩌면 이 어둠 속에서도 적응하며 나름의 길을 찾아가고 있다고 생각한다.
그래서 언젠가는 같은 어둠 속에 있는 사람들의 손을 잡고 그들을 위로해 줄 수 있는 사람이 되고 싶다.

당신은 '사람이 좋다'는 감정과 '사람이 무섭다'라는 감정 사이에서 헤매고 있군요. 저는 사람이 좋지도 싫지도 않은 감정을 가진 채 살아가고 있습니다. 그 이유에 대해 곰곰이 생각해 보니 '또다시 누군가에게 상처를 받고 싶지 않아서'라고 결론을 지었답니다. 하지만 결국 사람은 상처받고, 또 누군가에게 상처 주고, 사람과 가깝게 지냈다가, 또 멀리 지내게 되는 시절을 반복하는 것 같아요. 저의 경우가 그랬지요. 인간은, 우리는 결국 그런 존재가 아닐까요? 그럼에도 불구하고 타인과 함께 살아가야 하는 존재이기 때문에....

그리고 당신의 인생에는 아직 해가 뜨지 않았고 어둠 속에서 잘 적응하여 나아가고 있듯이. 저 또한 캄캄한 터널 속에 있습니다. 언젠가 바깥의 환한 빛이 보일 때까지 저는 조금씩 걸어 나가고 있죠. 한때 저는 '떨어질 곳도 없다. 더 이상. 지금보다 더 나빠질 수나 있을까?'라는 생각이 집요하게 머릿속을 지배했습니다. 진짜 더 이상 터널 밑으로 내려갈 곳도 없습니다. 그렇다면 위로 나아갈 일만 남았습니다. 더 나빠질 일이 없으니, 앞으로는 좋은 일이 생길 것입니다. 그렇지 않나요?

당신이 같은 어둠 속에 있는 사람들의 손을 잡고 위로해 줄 수 있는 사람이 되고 싶다고 하였듯, 저는 항상 생각했습니다. 나도 언젠가 '선한 영향력'을 주는 사람이 되고 싶다고….

그렇지만 제가 원하는 선한 영향력이란 무엇일까요? 구체적으로 어떤 영향력을 주고 싶다는 것일까요? 이에 대한 해답을 찾기 위해 한동안 노력했습니다. '궁극적으로 나는 어떤 선한 영향력을 주는 사람이 되고 싶은 것일까?' 이 질문의 끝을 잡고 머릿속이 한동안 빙빙 돌았습니다. 그러다 어떤 사건이 일어났습니다. 1년하고도 반이 넘은 사건이지만, 아직도 기억에 또렷이 남아 있어요. 한 은행의 ATM 기기가 있던 곳에서 일어난 사건이지요. 그 사건을 한번 들어보실래요?

-

은행의 남자 직원이 나이 지긋하신 할아버지를 내쫓으려는 것을 보았다.

대화를 가만히 들어보니 할아버지는 카드 내역을 좀 자세히 알고 싶다는 것 같은데 중년의 남자 직원은 전화로 아들을 부르라고 큰소리치고 있었다. 자기는 몇 번이나 설명해 줬다고 하면서 말이다. 마치 할아버지가 행패를 부리고 있는 것처럼 대하는데, 내가 보기엔 거꾸로 남자 직원이 할아버지에게 행패를 부리는 것처럼 보였다.

속으로 난 생각했다. '카드 내역을 좀 자세히 알고 싶어서 찾아오신 것 같은데 그게 뭐가 어렵다고 그러실까?' 물론 난 자세한 내막을 모른다. 그래도 옆에 있던 내가 지켜본 그 직원의 태도는 정말 무례했다. 나는 특히나 신경 쓰였다. 그 대목이 말이다. 아들을 부르라고 하는 그 직원의 말.

직원은 아들을 부르라고 하면 할아버지가 당황해서 그냥 가실 거라고 생각했던 것일까? 우리나라 부모님들은 아들, 딸자식들에게 피해 입히는 건 무척이나 싫어하시니까 말이다.

은행에 들어온 고객들이 할아버지와 그 직원을 한 두어 번 힐끔 쳐다볼 뿐, 아무도 나서지 않았다. 나를 포함한 우리들은 도와주지 않는다. 나는 싫었다. 그런 태도를 보인 직원이 싫었다. 그리고 싫었던 것은 또 있다. 옆에서 할아버지를 도와주지 못하고 가만히 지켜보며 방관하였던 나 자신이다. 그 후에 다른 직원이 나와서 할아버지께 1분만 기다리시면 도와드리겠다고 말하였고 그 사건은 일단락되었다. 그날 저녁, 나는 명상을 하면서 도와주지 못한 스스로에 대해서 생각하였다.

그게 최선이었을까? 곱씹었다. 그런데 여기서 '만약 내가 그 상황에서 영향력 있는 사람이었다면?'이라는 확장된 생각까지 하게 되었다. 이때 난 깨달았다. 나는 항상 도움이 되고 싶은 사람, 그리고 선한 영향력 있는 사람이 되고 싶었다. 여기서 깨달은 것은 '나는 약자를 도와주는 영향력 있는 사람이 되고 싶다'라는 것을 깨닫게 되었다. 이때 처음 깨달은 것이다. 내가 진정으로 원하는 것을 몰랐는데 내가 왜 선한 영향력 있는 사람이 되고자 하는 것인지 몰랐는데 이 사건을 통해 깨닫게 된 것이다.

제가 왜 선한 영향력 있는 사람이 되고 싶은지 솔직히 이유를 잘 몰랐습니다. 그냥 스스로가 생각보다 명예욕이 많나 보다, 돈 욕심도 솔직히 꽤 있으니까, 그런가 보다 했습니다. 그런데 그것만이 아니었지요. 제가 영향력이 있는 사람이 되고 싶은 이유는 바로 약자에게 도움이 되기 위해서였던 것입니다. 이것이 제가 되고픈 선한 영향력이 있는 사람인 셈이죠!
당신은 '사람이 좋다'는 감정과 '사람이 무섭다'라는 감정 사이에서, 또 저는 사람이 좋지도 싫지도 않은 감정을 가진 채 살아가고 있습니다.

그럼에도 불구하고 당신은 어둠 속에 있는 사람들의 손을 잡고 그들을 위로해 줄 수 있는 사람이 되고 싶다고 말하였습니다. 저는 약자에게 도움이 될 수 있는 선한 영향력을 주고 싶어 합니다. 우리가 살아온 삶의 모양은 다릅니다. 어떤 길을 지나왔는지 서로 잘 모르지요. 하지만 우리는 검은색 숲에서 헤맸고 그 속에서 지금 묵묵히 걸어갑니다. 언젠가는 하얀 환한 빛이 우리를 비추겠지요.

 당신은 사람에게 상처를 받았고 저 또한 그러합니다. 하지만 우리는 또다시 빛을 향해, 사람들 곁으로 가기를 결정하였습니다. 당신이 상처를 받은 누군가를 위로하길 바랍니다. 제가 당신과 연결된 이 순간에 위로받았듯이 당신은 또 다른 타인에게 힘이 될 것입니다. 저 역시 약자를 도울 수 있는 선한 영향력이 있는 사람이 되겠습니다.

저는 이제 자기 실망의 늪에서 - 후회의 굴레에서 벗어나고자 합니다.
당신을 만나서 저를 다시 돌이켜 보았습니다. 그리고 또다시 살아가야 할 이유를 - 잊고 있었던 이유를 다시 가슴속에 되새기게 되었네요.
당신과 나를 위한 시를 남기며 떠납니다.

-

자, 이제 우리
빛의 세계로 넘어가요.
빛의 세계는 홀로 존재하지 않지요.
왜냐하면 홀로 존재할 수 없는 세계니까요.

당신의 이유-나의 존재 이유를 찾는 순간
빛의 세계에 들어갈 수 있어요.
거기서 오래 머물 수 있대요.
그렇지 못하면 영영 검은 그림자 숲에 갇힐걸요.
그러니 당신의 이유를
존재 이유를 찾은 당신과 나.
하나의 빛이
어둠 속에서
여러 개로 흩어져요
터지는 불꽃놀이의 흩어지는 불꽃처럼
우리의 이유가
빛으로 탄생할 때
우리, 다시, 같이 그곳에서 만나요.

나의 이야기

◆ <문득 마주친 노인의 눈빛에는> 최 헌 성

오 승 진 <용두산공원에서> ◆

◆ <용산구신응동에서>

◆ <문묘 미주한 그 인의 낙엽에서>

최 현 성

문득 마주친 노인의 눈빛에는

"밥은 먹었는가?"

밥. 낯설지 않은. 어쩌면 가장 본질적이고 중요한 질문. 나는 할아버지의 담담한 어투에 이끌려 고개를 들었다. 오늘 처음 요양원에서 만난 낯선 할아버지는 나를 보며 반갑다는 듯 손을 흔들었다. 대학교 졸업을 위해 처음으로 봉사 활동을 온 곳이라, 아는 사람이 없기 때문일까. 별다른 의미가 없는 형식적인 질문일 수도 있었지만, 할아버지의 질문이 괜스레 따스하게 느껴졌다. 나는 식판을 들고 어린아이처럼 해맑게 웃고 있는 할아버지 곁으로 조심스레 다가갔다. 사소하긴 하지만 이런 관심이 고팠던 걸까. 나는 열심히 밥을 먹고 있는 할아버지의 두 눈을 빤히 바라보았다. 그리고 생각했다. 언제부터였을까. 서로 상처받을까 봐, 선을 긋고 질문조차 하지 않았던 순간이. 홀로 외로움을 느꼈던 순간이. 결코 어려운 일도 아닌데 지금까지 용기조차 내지 못했던 모습이 떠오르자, 쓸쓸한 감정이 밀려왔다. 나는 할아버지 옆에 앉아 말없이 순가락을 들었다.

사실 따지고 보면 참 묘한 일이 아닐 수 없었다. 거리, 지하철, 식당. 평범한 일상을 보내면서 수없이 만나는 게 사람인데, 외로움이라는 감정을 느낀다는 것이. 정확한 시기를 알 수 없었지만, 나와 마찬가지로 다른 사람들 역시 모두 같은 생각을 하고 있는 것 같았다. 너무 다가가지 말자. 그리고 괜한 오지랖 부리지 말자. 자칫하면 상처받을 수 있을 테니. 그리고 아마 그때부터

였을까. 사람들 사이에는 눈에 보이지 않는 명확한 선이 그어지기 시작했다. 표면적으로는 타인에 대한 배려와 이해라는 변명을 늘어놓았지만, 실은 무엇보다 상처받기 싫은 그런 마음. 그 마음은 쉽게 넘을 수 없는 단단한 선이 되었고 사람들은 그때부터 거리를 두기 시작했다.

 하지만 요양원은 그런 상식을 훌쩍 뛰어넘는 곳이었다. 졸업이라는 단순한 목표를 위해 방문한 요양원에서 나는 놀라운 점들을 목격할 수 있었다. 모든 것이 멈추고, 정제된 공간이라고 생각했던 요양원. 하지만 막상 방문하고 보니, 요양원의 분위기는 생각과는 많이 달라 보였다. 세월의 흐름에 몸도 불편하고, 자글자글한 주름도 가득했지만, 어르신들은 무엇이 그리 즐거운지 웃음을 잃지 않고 있었다. 그리고 더욱 놀라운 점은 요양원에는 일반적인 사회와는 달리 선이 존재하지 않았다. 앞서 언급했던, 서로가 서로를 갈라놓고 쉽게 다가서지 못하는 그 선. 노인들은 얼굴을 맞대며 늘 그래왔다는 듯 편안하게 서로 안부를 물었다. 밥은 먹었는지, 잠은 잘 잤는지, 특별한 일은 없었는지 등등. 나는 그런 모습들을 보다 괜히 부끄러워져 고개를 숙였다. 사실 요양원이라고 하면 일반적으로 노화 때문에 신체가 불편하신 분들로 가득해 분위기가 암울할 줄 알았으나, 그분들은 건강한 현대인들보다 훨씬 더 많은 의사소통을 하고 있었다. 우리가 지하철에 앉아서 멍하니 휴대폰 너머 세계만 들여다보고 있었을 때, 노인들은 웃으며 곁에 있는 사람들에게 말을 걸고 일상을 공유하고 있었다. 누군가에게 질문을 한다는 것. 그리고 함께 일상을 나눈다는 것. 그 당연한 것들이 사라진 세상 속에서, 요양원 봉사 활동은 내게 많은 것들을 느끼게 하고 있었다. 나는 자연스럽게 그들 사이에서 그 익숙하지만 익숙하지 않은 안부 인사들을 한동안이나 듣고 있었다.

점심시간이 끝나고 요양원 벽면에 붙어있는 스피커에서 트로트 음악이 흘러나오자, 할머니 할아버지들은 모두 자리에서 일어났다. 그리고 늘 그래왔다는 듯, 형광색 조끼를 입은 봉사 활동자들에게 다가가 낡은 탬버린을 건넸다. 당황해서 탬버린을 들고 사회복지사를 바라보는 봉사 활동자들. 그러자 사회복지사는 배시시 웃으며 입을 열었다. 당황하지 말라고. 할머니, 할아버지들과 함께 춤을 추고, 그냥 일상적인 대화를 건네면 된다고. 어르신들이 원하는 건 그게 전부라고.

 그렇게 작은 요양원에서 시작한 노인들의 장기 자랑. 어설픈 발음. 박자도 리듬도 전부 어긋났지만 할머니 할아버지들은 그 누구보다 신난 것처럼 보였다. 세월의 흐름을 이기지 못하고 깊은 주름이 패이고, 신체가 불편해 무리가 갈 만큼 큰 행동은 취하지 못했지만 호응 때문이었을까. 반응은 그 어떤 축제보다도 뜨거웠다. 또 옆 사람을 보며 피식 웃고. 함께 손을 잡고 트로트 노래에 맞춰 춤을 추고. 서로가 서로에게 잘 즐기고 있냐고 묻는. 사실은 어려운 일은 절대 아닌, 어쩌면 당연한 일이었지만, 자신밖에 모르는 현대인들에겐 결코 당연한 일이 아니었다. 어느 순간 나는 어르신들과 자연스레 섞여 시간 가는 줄 모르고 시간을 보내고 있었다. 순수한 그들 틈 속에서 탬버린을 흔들고 있자니, 어느새 내 입꼬리에도 자연스레 웃음꽃이 피어오르고 있었다.

 요양원을 갔다 온 뒤, 나는 지인이나 친구를 만날 때면 휴대폰을 잠시 꺼두곤 습관이 생겼다. 처음에는 어색했지만 요양원을 갔다 오고 난 뒤, 난 더 이상 변명은 하고 싶지 않았다. 가시에 찔릴까 두려워서 물러선다는 핑계가 구차하게 느껴졌다. 유한한 삶 속에서 우린 모두 맞물려서 살아가는 존재라는 생각이 들었기 때문이었다. 그리고 내가 생각하는 것처럼 남들 역시 자신의 이야기를 들어주고 풀고 싶은 욕망이 있기에, 그게 가시가 되어 우리를 찌른다고 하더라도 어쩌면 인간이 인간에게 다가가는 것은 숙명이자 피할 수 없는 행위 아닐까. 너무 짧은 인생에서 핑계는 그다지 필요 없어 보였다.

 형광색 조끼를 입고, 나와 전혀 접점이 없는 요양원에서 느낀 삶의 교훈들. 노인들에게 친절을 베풀며, 재능 기부라는 명목으로 많은 것들을 알려주긴 했지만 어쩌면 진정으로 무언가를 배운 것은 나 자신 아니었을까. 나는 그래서 요즘 만나는 모든 이들에게 꼭 묻는 질문이 있다. 단순하지만 꼭 필요한 질문. 그리고 어쩌면 참으로 따스한 질문. 나는 이렇게 묻곤 한다.

"저, 식사는 하셨나요?"

| 오 | 승 | 진 |

용두산공원에서

"저기 저 흰 모자 쓴 할배 보이재? 나이 먹고 깔롱 부리는 거 함 봐봐라. 백바지 따악 맞차가 입고 있다아니가."

안경 닦는 천으로 카메라 렌즈를 문지르고 있는 노년의 사진사가 옆으로 턱짓을 하며 말했다. 하지만 그의 눈은 여전히 아무도 들어서지 않는 공원 입구를 향하고 있을 뿐이었다.

이 사람일까……?

벤치에 앉아있는 사진사의 얼굴을 유심히 바라보던 정규는, 점심때 매운 찌개라도 먹었는지 빨간 국물 튄 자국이 묻은 사진사의 턱을 쳐다보다가, 그 턱이 가리키는 방향으로 천천히 고개를 돌렸다. 탁 트인 공원의 반대편, 꽤 먼 거리에서도 사진사의 턱이 가리키는 대상은 단번에 정규의 시야에 포착되었다. 건너편 벤치에는 정규 앞의 사진사와 묘하게 똑같은 포즈로 카메라 렌즈를 닦으며 주변을 살피고 있는 연세 지긋한 노인이 보였다. 노인은 정규의 시선을 느끼고 그를 잠시 바라보다가, 자신을 향해 지갑을 열어줄 관광객이 아니라는 사실을 알고 휙 고개를 돌려버렸다.

어쩌면 저 사람일지도……? 아니면 또 다른 사진사가 있으려나…….

"쩜마랑 내랑 딱 두 명 남았거든, 뭐랄까…… 유일한 라이벌이자 유일한 동료……? 대충 그런 사이지."

노년의 사진사가 중얼거리듯 말을 이었다.

"점마도 참 대단해다, 대단해. 내만치 질기다고."

그 말투는 자신의 라이벌이자 동료인 노인의 존재를 꽤 높이 사는 듯했다. 마치 먹잇감을 찾아 나선 살쾡이가 자신만큼 허기진 하이에나를 예의주시하는 것처럼.

"다른 사진사분들은 활동을 아예 안 하시는 건가요?"

"안 나오는 거 보면 이제 사진 안 찍는 거겠지. 골로 갔거나."

그 순간 정규는 자신이 찾는 대상이 이 사진사와 건너편 노인 둘 중 하나이길 간절히 바랐다. 정규는 조금 시큰둥하게 자신을 대하는 사진사에게 추가 질문을 하지 않았다. 그도 그럴 것이, 자신의 말이 끝나기가 무섭게 벤치에서 벌떡 일어나 커플룩을 입고 공원 입구에 들어서는 한 쌍의 남녀에게 성큼성큼 걸어가고 있었기 때문이다.

"즉석사진 한 장 안 찍을란교? 한 장에 삼천 원, 프린트 자알 나옵니다. 허허."

조금 전 정규를 대하는 목소리와는 사뭇 달랐다. 그 목소리는 살쾡이가 자신의 먹잇감에 살금살금 다가가는 것 같은 묘한 노련함과 집중력을 띠고 있었다. 관광객으로 보이는 남녀는 자신들에게 다가오는 사진사를 가볍게 외면하고 길을 걸었다. 사진사는 멀어져 가는 남녀의 뒤통수를 향해,

"커플들 기념사진 많이 찍고 갑니다. 생각 있으면 오세요. 허허."

하며 여전히 여유롭고 느긋한 미소를 지어 보였다.

정규는 그 순간 사진사의 짐 꾸러미 가방 밑에 깔려있는 나무 판때기를 쳐다보았다. 사진사가 지금까지 공원에서 찍어 온 사진의 견본이 붙어있는 나무 판때기. 사진사의 포트폴리오이자 사진사가 목에 걸고 다니며 외국인 관광객들을 상대로 호객할 때 쓰는 홍보 도구였다. 낡은 나무 판때기는 오랜 세월에 많이 닳아 테두리에 청테이프를 덧댄 흔적이 있었다. 정규는 가방 밑에 깔려있는 나무 판때기 주변을 어슬렁거렸다. 사진사가 벤치

로 돌아오자 정규는 다시 그를 쳐다보았다. 관광객 남녀를 놓친 사진사는 그들이 어디로 향하는지 끝까지 시선을 떼지 않았다. 자연스레 정규도 그 시선을 함께 하고 있었다.

 아니나 다를까, 그들은 사진사의 유일한 동료이자 라이벌이 있는 곳으로 향하고 있었다. 마침 먹잇감을 포착한 하이에나는 벤치에서 일어나 남녀에게 살금살금 다가갔다. 그러나 이번에도 남녀는 다가오는 노인을 가볍게 무시하더니, 커다란 꽃시계 앞에서 스마트폰으로 셀카를 찍어댔다. 성능 좋은 스마트폰에서 찰칵 찰칵하는 소리가 텅 빈 공원에 울려 퍼졌다.

 노인은 아쉬운 얼굴로 다시 자신이 앉아있던 벤치를 향해 터벅터벅 발걸음을 옮겼다. 그 순간 정규는 떠올렸다. 과거 아프리카 초원의 생태계를 다룬 다큐멘터리에서 사냥감을 놓친 하이에나의 발걸음이 어쩐지 쓸쓸하게 느껴졌던 기억. 이제는 별로 관심이 없는 동물의 왕국(같은 제목의) 다큐멘터리지만, 어린 시절부터 영화감독을 지망했던 정규는 그런 영상물도 재미있게 보던 시절이 있었다.

 건너편 노인이 벤치에 엉덩이를 붙이며 이쪽을 쳐다보았다. 정규의 옆에 있는 사진사도 노인의 시선에 화답이라도 하듯 깊고 뜨거운 시선을 보내기 시작했다. 그렇게 서로를 쳐다보다가 다시 고개를 획- 돌리고, 벤치에 앉아 카메라 렌즈를 닦기 시작하는 두 사람.

 "근데 여기 뭐 하러 왔다고 했지?"

 사진사가 정규에게 물었다. 물론 정규를 쳐다보지 않은 채로.

아까 말씀드렸잖아요. 다큐멘터리 찍는다고.

 입 밖으로 내뱉지도 못했다. 이미 사진사는 다시 자리에서 일어나 공원 입구로 들어서는 관광객들에게 걸어가고 있었기 때문이다.

"즉석사진 한 장 안 찍을란교? 한 장에 삼천 원, 프린트 자알 나옵니다."

그 사이 정규는 사진사의 짐 꾸러미 밑에 깔린 나무 판때기를 꺼내 보았다.

*

 정규가 부산에 내려온 것은 한 달 전, 윤석의 부탁을 받고서였다. 대학에서 영화영상을 전공한 정규는 이미 졸업한 선배 윤석이 차린 영화 제작사의 외주 작업을 부탁받았다. 윤석이 만드는 영화는, 영화라고 해봐야 돈도 안 되는, 그렇다고 예술성이 있냐 하면 그것 역시 아닌, 독립영화 수준이었다. 요즘은 어린아이도 유튜브로 4K 고화질 영상을 감상하는 시대인데, 윤석은 아직도 고물 캠코더 하나를 쥐어주며 말했다.

"중요한 건 기술력이 아니야, 얼마나 혼을 실어서 촬영을 하느냐 하는 연출자의 마음가짐과 태도라고."
 틀린 말은 아니었지만, 정규는 왠지 맞장구쳐주고 싶지 않았다. 뻔하다. 값비싼 카메라 살 돈으로 술이나 사 마시는, 그래서 영원히 가난할 수밖에 없는 제작사인 것이다.

 하지만 정규 역시 고화질 장비보다 자신의 손에 익은 낡은 캠코더나 카메라로 촬영하는 작업을 선호했다. 그런 장비를 사용할 때는 고도의 정교함 따위 없이, 편하게 핸드헬드 촬영이 가능하기 때문이다. 말하자면 손맛이 있었다.

 정규가 촬영할 작품은 지방 도시 소멸을 다룬 다큐멘터리였다. 윤석의 제작사가 다큐멘터리를 연출 제작하는 것은 아니고 (그럴 수준도 못되고), 작품에 등장하는 전문가의 말에 뒷받침되는 인서트 컷을 러프하게 촬영해 오면 되는, 말 그대로 외주 촬영이었다.

 "감이 딱 오지? 휑한 도시 찍어오란 말이야. 시민들 목소리 담아 오면 더 좋고. 아 맞다! 정규 너는 니가 떠난 부산으로 가면 되겠네. 부산은 예전부터 노인과 바다로 유명했잖아. 어때? 쉽지?"

아무리 없는 살림이라도 외주 용역비를 적지 않게 받아놓고, 친한 후배 불러다가 인건비 꼴랑 50만 원 쥐여주는 꼬락서니. 정규는 사회생활을 먼저 시작하고도 영화영상 업계의 표준계약서에도 못 미치는 돈을 쥐여주며 일을 맡기는 윤석이 탐탁지 않게 느껴지기도 했다.

"뭐? 니가 떠난 부산으로 가면 되겠네?"
 마치 정규가 고향을 등지고 수도권으로 도망친 사람이라도 되는 것 같은 말투도 그날따라 유난히 거슬렸다. '그러는 너는 괜찮고?' 정규는 속으로 말대꾸했다. 참고로 윤석은 대구 출신이다. 그러고 보면 그의 말투는 이미 표준어에 가까웠다.

 하지만 그 일이라도 해야 했다. 어느새 정규는 이 업계에서 발을 빼지 못할 만큼 생태계에 온전하게 젖어든 신세가 된 것이다. 아무리 투덜대 봤자, 결국 정규도 윤석처럼 살아갈 것이다. 안

봐도 비디오였다.

"응, 다녀올게."

정규는 쿨한 척 대답했다. 물론 표준어로.

어쩌면 잘 됐다는 생각이 들기도 했다. 마침 연로하셔서 병원에 입원해 계신 정규의 친할머니가 그를 보고 싶어 한다고 하니, 겸사겸사 인사드리러 부산에 가야 했던 것이다. 들은 바에 의하면 독감으로 크게 몸살 앓은 이후로 몸이 쇠약해져 기력이 예전만 못하다고했다. 물론 부모님이 정규를 보고 싶어 했다면 당연히 안 내려갔을 것이다. 하지만 할머니는 정규가 서울에서 학교생활을 할 수 있도록 자취방을 구할 때 원조 해주셨기 때문에, 얼굴이라도 한 번 뵙는 게 인간으로서 최소한의 도리인 듯했다.

취업을 한다, 영화를 만든다, 온갖 핑계를 대며 부산에 코빼기도 비추지 않은지 근 2년. 물론 취업도 하지 않았고, 제대로 된 영화 하나 만든 게 없다. 이제는 할머니가 돌아가시기 전까지 빌린 집세를 갚지 못한다는 생각이, 그리 죄스럽게 느껴지지 않을 무렵에 이르렀다.

*

"용두산공원 찍으면 되겠네. 우리 정규 어릴 때 거기서 같이 사진도 찍고 그랬는데. 기억 안 나나?"
 오랜만에 만난 정규의 할머니 순자는 두 볼이 움푹 파일 정도로 야위어 있었다.

이렇게나 늙으셨나.

 정규는 병실 침대에 누워 손등에 링거를 꽂고 있는 순자를 바라보며 안타까움과 동시에 조금은 꺼림칙하기도 했다. 순자의 피부는 마치 팽팽했던 풍선에서 바람이 빠져 힘없이 쭈굴쭈굴하게 늘어져있는 것처럼 보였기 때문이다.

언젠가는 나도 이렇게 되겠지.

 정규는 눈앞의 순자에게 거리감을 느끼면서도, 그 모습을 천천히 순응하기도 했다.
 "응, 당연히 기억하죠."
 정규는 얇은 살갗 속에서 뼈가 툭 튀어나올 것만 같은 순자의 손을 잡았다. 아직은 남아있는 체온이 느껴졌다. 그 온기. 순자의 따뜻한 온기가 정규의 손에 천천히 전해지는 듯했다.

 순자가 입원한 병실은 6인실이었다. 주변에는 순자만큼 나이가 많고 몸이 성치 않은 환자들이 가득했다. 그들의 끙끙 앓는 소리가 병실 안에 불규칙하게 들려왔다. 오히려 순자는 그 소리가 사람들과 함께 있다는 안심을 준다고 말했다.

 정규가 부산에 내려온 덕에 순자의 보호자 역할로 병실을 오가던 엄마 아빠, 그리고 큰아버지 식구들은 잠시 자유로워질 수 있었다. 정규는 순자를 혼자 두려는 그녀의 자식새끼들이 싫었다. 하지만 그렇다고 자신이 순자 옆에 있으려니 그것도 하기 싫은 일을 떠맡는 것처럼 귀찮고 지루했다.

 고등학교 시절, 학급 소개 영상을 만들어 교내에서 상을 받은 것 외에는 영화를 만드는 일로 순자에게 별다른 좋은 소식을 전해준 적이 없었다. 그런 정규는 순자에게 현재 부산을 소개하는 영화를 찍으러 왔다고 거짓말을 했다. 실력 있는 감독만 의뢰받는 일이라고 둘러대면서. 그러자 순자가 아주 기뻐하며 그런 일을 하는 거라면 용두산공원에서 촬영을 해보라고 추천을 해준 것이다.

"이거 봐라, 사진도 요기 있잖아. 꽃시계 앞에 같이 서서."

순자가 침대 옆 서랍장에 손을 뻗어 지갑에서 사진을 꺼냈다. 정규는 이미 예상하고 있었다. 어린 시절 순자와 찍은 사진을 기억하고 있기 때문이다. 역시나 순자가 꺼내는 사진은 정규가 예측한 그 사진이었다. 사진 속의 순자는 유독 젊고 생기 있어 보였다.
 "그때 정규 니가 인물이 좋다고 사진사가 여러 번 찍어줬었다. 잘 나온 사진은 자기가 들고 다니는 나무 판때기에 붙이고 다닐 거라면서."
 "왜 남의 사진을 함부로 붙이고 난리야, 그거 초상권 위반인데."
 정규는 오랜만에 만난 순자에게 처음에는 존댓말을 썼지만, 어느새 반말로 돌아왔다. 표준어도 적당히 섞어가며.
 사진 속 정규는 순자의 말과는 달리 잘생긴 얼굴이긴커녕 사진이 찍기 싫었던지 얼굴을 잔뜩 찡그리고 있다. 그 표정을 따라 한 건 아니지만, 사진을 보고 있으니 저절로 얼굴이 찡그려졌다.

"초상권? 그게 뭔데?"

 순자가 링거 꽂힌 손으로 볼을 긁적이며 말했다. 순간 정규는 순자의 기억력이 가물가물해진 것인가 싶어 놀랐다.

"그냥 공짜로 찍어주면 '고맙습니다' 하면 되는 거지."

 순자는 아무렴 어떻냐는 듯 말을 이었다.

"영화 만들 때도 길에 지나가는 사람 함부로 찍으면 안 돼. 다 동의를 구하고 촬영을 하는 거라고."

 정규의 말을 제대로 알아듣는 건지 알 수 없지만, 순자는 그런 정규에게 시종일관 미소를 지었다.

 순자가 보온병에 담긴 물을 빨대로 쭉쭉 빨아 마셨다. 움푹했던 두 볼이 더 야위어 보였다. 손등으로 입을 닦더니 천장을 바라보며 말했다.

"꽃 시계 아직 잘 돌아가려나…… 못 가본 지가 오래돼서……."

"잘 돌아가야 되지 않을까. 용두산공원은 나름 부산의 대표 관광지잖아, 꽃 시계는 그곳의 상징물이기도 하고. 왜? 할머니 꽃 시계 보고 싶어? 내가 가서 찍어올까?"

"꽃 시계 말고……."

"꽃 시계 말고?"

"꽃 시계 근처에 있던 사진사가 보고 싶다."

순자가 머뭇거리더니 말을 이었다. 그 순간 순자의 얼굴에는 어린아이 같은 수줍은 미소가 걸려있었다.

"거기 내가 좋아하던 사진사가 있었거든."

순자의 손을 잡고 있던 정규의 손에서 힘이 살짝 풀리는가 싶었다. 정규는 순자의 얼굴을 멍하니 쳐다보았다. 마치 그 순간 순자의 얼굴에 생기가 맴도는 듯했다. 정규는 두 눈을 끔벅이며 순자의 얼굴을 쳐다보았다. 다시 바라봐도 착각은 아닌 듯싶었다. 나이가 들어서 늙는다는 건, 자신의 비밀을 손자에게 털어놓을 수 있을 만큼 마음이 여유로워지는 것일지도 모르겠다. 정규는 눈앞의 할머니라는 생명체에 묘한 느낌을 받고 있었다.

할머니의 말은 정말이겠지. 나이 든 할머니가 손자에게 거짓말을 할 이유도 없을 테고.

 정규는 잡고 있던 순자의 손을 부드럽게 어루만지며 순자에게 그 사진사에 대해 물었다.
 순자는 90년대 초반 부산의 용두산공원 밑에 있는 광복동이라는 동네에서 살았다. 광복동은 남포동 옆에 붙어있는, 지금 표현으로는 그야말로 '핫한' 동네였다. 그 시절 부산에서 광복동과 남포동이 얼마나 번화한 동네였는가 하면, 지금처럼 정규를 포함한 부산의 청년들이 부산의 일자리가 부족해서 수도권으로 떠나버리는 일 따위 상상도 못하던 시절이었다. 부산의 젊은이들이 바글바글 들끓던 곳이었다.
 좌측으로는 부산 바닥에서 주름 좀 잡는다는 금융사와 덩치 큰 회사들이 최대 밀집한 중앙동, 우측으로는 유난스러울 정도로 바지런한 상인들이 포진되어 있는 자갈치시장, 깡통시장. 그리고 매년 12월 31일 타종을 치는 부산의 대표 관광지 용두산공원까지. 그야말로 부산 중구가 곧 부산이라고 말해도 모두 납득할 수밖에 없는 그런 곳이었다. (이렇게까지 설명을 하는 이유는 대체로 그 시절의 부산 사람들은 부산이라는 도시에 이상하리만치 대단한 자부심을 품고 있기 때문이다)

 아무튼 순자는 남편을 일찍 여의고 자식들 시집 장가까지 다 보내고 광복동에서 전당포를 하고 있었다. 순자의 남편이 당시로서 목돈 좀 쏠쏠히 만지는 전당포를 꾸렸는데, 부산 중구 일대는 일본을 오가며 물건을 사고파는 보따리 장사가 많았고 대체로 그들이 팔던 물건들이 전당포에서 거래되는 일이 많았다고 한다. 서당개 삼 년이면 풍월을 읊는다고 남편의 옆에서 그 일을 보고 듣던 순자는 부르는 게 값이라는 전당포 주인 노릇을 어느 정도 맡을 수 있었다. 일찍이 남편을 여의고 알부자라고까지 할 수는 없지만, 자신이 먹고사는 데는 큰 지장이 없을 정도로 빳빳한 현찰을 만지는 장사를 할 수 있었던 것이다. 그 무렵 IMF가

터졌고, 순자의 자식 중 막내인 정식이 다니는 회사가 부도가 나면서 오갈 때가 없을 때 순자네 집에서 잠시 머물게 되었다. 그때 순자의 손자 정규 나이 이제 막 4살이 되던 해였다.

"기억 나나? 할매 무릎에서 기어다니던 거?"
 어느새 훌쩍 자라서 자신의 손을 잡아주는 정규를 바라보며 순자가 물었다.
"기억 안 나."
 정규는 병실 천장을 바라보며 잠시 어린 시절을 떠올렸지만, 그때의 기억이 명확하게 떠오르지 않았다. 다만 어두운 기색으로 집 밖을 드나들던 정식의 얼굴, 칸막이 방으로 순자를 찾아오는 전당포 손님들, 벽면 장식장에 놓인 다양한 물건들이 떠오르는 것 같기도 했다. 그런 기억의 잔상이 희미하게 정규의 뇌리에서 아른거리는 정도였다. 참고로 정규가 사용하는 구형 캠코더와 카메라도 순자를 통해 접한 것이다.

정규의 얼굴을 바라보던 순자는 정규의 시선이 머물고 있는 천장으로 눈길을 돌리며 말을 이었다.

"다행이네. 할미가 외간 남자랑 노니는 거 못 봐서."

정규가 "난 아무 상관 없는데." 중얼거리자 순자가 힐끔 눈알을 굴려 그 얼굴을 쳐다보았다. 정규가 미소를 보이자 순자도 마음 놓고 웃어 보였다. 어린아이같이 환하게.

좌우지간 순자네 집에서 얹혀살게 된 어린 정규는 해가 중천에 걸릴 때 즈음이면, 순자의 손을 잡고 용두산공원에 올라갔다고 한다. 당시 공원의 정문 입구에는 108계단이라고 하여 무수히 많은 계단이 있었으나, 순자와 정규는 108계단이 아닌 샛길에 있는 오르막을 천천히 올랐다. 좌우로 울창한 가로수가 우거진 그 길에 들어설 때면, 서늘한 바람이 늘 불어오곤 했다. 높은 고지에 위치한 공원은 올라가기는 힘들지만, 막상 오르고 나면 시원한 산바람을 보상받을 수 있는 것이었다. 순자와 함께 그 길을 걸었던 기억은 떠오르지 않지만, 정규가 초등학생, 중학생, 고등학생이 되어, 친구들과 주변을 오갈 때도, 그 길의 풍경은 여전했기 때문에 정규는 어렴풋하게나마 그 기억의 질감을 느낄 수 있었다.

 그렇게 긴 언덕길을 걸어 올라가면 너른 평지가 펼쳐졌고, 부산의 정경을 내려다볼 수 있는 탁 트인 공원이 나왔다. 일주일에 서너 번은 공원에서 파는 솜사탕을 사서 정규의 손에 쥐여줬다고 하는데, 정규의 추측으로는 한 달에 한두 번 정도이지 않을까 생각한다. 공원에 도착한 순자는 정규의 손을 잡고 여유롭게 꽃시계 앞을 걷다가, 이순신 동상 앞을 걷기도 하다가, 여의주를 들고 있는 용 동상 앞을 걷기도 했다고 한다. 당연하지만 정규는 순자와 함께 꽃시계 앞을 거닌 것까지는 기억하지 못한다. 이순신 동상 앞을 거닌 기억도 떠오르지 않았다. 그런데 여의주를 들고 있는 용 동상 앞을 걸었던 기억은 희미하게 떠오르는 듯했다. 어린 정규에게 용이 너무 무서웠던 것이다. 그 커다란 용의 자태에 공포스러움을 느낀 정규는 그 감정이 초등학생 때까지 이어져, 용 동상을 볼 때마다 느낀 공포감이 자신의 아주 어린 시절부터 고착되었다는 것을 알고 있었다. 그래서 순자와 함께 용을 바라보던 기억은 떠오르는 듯했다. 그런데 정규가 순자 손을 잡아당기며 발걸음을 옮기자고 떼를 써도 순자는 한 걸음도 움직이지 않았다. 그런 순자덕에 우두커니 서서 용을 가만히 바라보고 있어야 했던것이다. 그러면 뒤에서 웬 노년의 목소리가 들려왔다.

"전설이 있다 아닌교. 밤 12시, 아무도 없는 이 공원에서, 용이랑 이순신 장군이랑 싸운다는 전설이."

순자는 환한 미소를 띠며 뒤를 돌아보았다.

*

"구라 치지 마세요."

 스마트폰으로 환히 웃으며 기념사진을 찍던 꼬맹이들이 사진사를 향해 싸늘한 표정을 지으며 말했다.

"진짜라니까, 늦은 밤 되면 동상이 살아서 움직인다 카이. 장군이랑 용이랑 서로 막 때리고 깨물고 하는데……."

 사진사는 과장된 말투로 두 손을 허공에 휘저으며 말을 이었으나, 그 말이 끝나기도 전에 꼬맹이들은 콧방귀를 뀌며 자리를 뜨고 말았다. 사진사는 멀어지는 꼬맹이들을 바라보며 "진짜라니까 애들이 왜 내 말을 안 믿노. 허허."라며 여전히 푸근한 미소를 짓고 있었다.

저는 믿었어요. 5학년 때까지.

 정규가 속으로 중얼거렸다. 산타가 없다는 건 초등학교 2학년 때 알았고, 용두산공원의 이순신 장군 동상과 용 동상이 밤마다 살아 움직이며 서로 싸움을 한다는 것 역시 유치한 거짓말이라는 것을 알고 있었지만, 초등학교 5학년 때까지 늦은 밤에는 용두산공원을 오르지 못했다. 유치한 거짓말이 진짜가 되어 살아 움직일까 봐.
 꼬맹이들의 뒷모습이 멀어질 때 즈음, 한산한 공원 어딘가에서 비둘기들의 푸드덕거리는 날갯짓 소리가 들려왔다. 그 소리에 반응하듯 사진사는 조금 전까지 입꼬리를 올리며 미소 짓던 표정을 싹 지우고 다시 무덤덤한 표정으로 발걸음을 옮겼다. 자신을 따라오라는 듯 턱짓을 하며 뒤돌아서는 사진사. 정규는 사진사의 팔과 겨드랑이 사이에 껴있는 나무 판때기를 몇 번이나 쳐다보았다. 과거 정규와 순자의 빛바랜 사진이 붙어있는 것을 재차 확인하고 사진사의 뒤를 쫓았다.

결국 공원 입구에 들어서는 관광객들은 사진사를 거들떠보지 않았지만, 정규는 그런 사진사에게 삼천 원을 건네며 즉석사진을 찍고, 다큐 촬영협조를 구했다. 사진사는 정규가 지갑에서 돈을 꺼내자 그제야 의욕을 보이며 정규의 얼굴에 카메라를 들이댔다. 날렵한 눈빛으로 정규를 바라보며 좌우로 왔다 갔다 발걸음을 옮기더니,

"역광이네."

하고 중얼거리며 골똘히 고민하는 제스처까지 취했다. 이어 사진사의 카메라 플래시가 요란하게 몇 번이나 펑펑 터졌다. 정규는 이곳이 용두산공원인지 알 수 없을 정도로 자신의 얼굴만 꽉 차게 클로즈업 된 사진 한 장을 사진사에게서 건네받고 어색한 미소를 지어 보였다. 그러고는 자신이 용두산공원을 소개하는 멋진 유튜브 영상을 찍을 건데, 사진사에게 출연해 달라고 요청

했다. (물론 거짓말이다) 그러자 사진사는 정규의 어깨에 둘러맨 가방이 캠코더 가방이라는 것을 파악하고는, 어느새 거만한 표정을 지으며 벤치에 엉덩이를 붙였다.

"내 이래 봬도 왕년에 KBS, MBC에서 찍어간 적도 있다. 출연료도 받고."

벤치에 등을 기댄 사진사는

"맨입으로 출연해 달라고……? 나 원 참, 내를 뭘로 보고."

라며 중얼거리는 한편, 두 눈으로는 정규의 반응을 살피고 있었다. 정규는 눈앞에 있는 늙은 살쾡이가 자신이 예상한 것보다 호락호락하지 않은 상대라는 것을 새삼 실감하며, 하는 수없이 사진사가 원하는 출연료가 어느 정도인지 물어보았다.

"적어도 하루 일당은 안 받아야겠나?"

사진사는 기다렸다는 듯 정규의 면전에 다섯 손가락을 펴 보였다.

오, 오만 원? 아니면…… 서, 설마, 오십만 원? 오십만 원은 내 인건비 전부인데.

정규는 당황할 수밖에 없었다.
"오천 원! 내한테 사진 한 장 찍는데 삼천 원, 두 장은 오천 원이거든. 나도 그 정도는 받아야지 니한테 협조를 해주지. 왜? 싫나? 싫으면 하지 말고."
사진사는 카메라 스트랩을 어깨에 메며 자리에서 일어나는 제스처까지 취해 보일 정도였다.

이런 밀당의 귀재 같으니라고.

정규는 미소를 지으며 "콜! 콜! 오천 원 콜!"을 외치면서 사진사를 섭외할 수 있었다. 사진사는 지폐가 없는 정규에게 지금 당장 계좌 입금 안 해주면 계약이 성립되지 않는다며 으름장까지 놓기도 했다. 사진사도 기분이 좋았던지 정규가 어색하게 웃고 있는 얼굴에 사진을 몇 방 더 서비스로 찍어주었다. 플래시가 펑펑 터질 때마다 정규는 아찔한 표정을 지었다.

 정규가 사진사에게 걷는 씬이 필요하다고 제안해 산책길을 걷기로 했다. 두 사람은 공원 외곽을 한 바퀴 크게 도는 코스를 택했다. 커다란 나무들이 좌우로 빼곡히 들어서 있었지만, 사람의 발길이 많이 줄어든 탓인지 용두산공원의 관리도 조금 허술해져, 가지와 나뭇잎이 산책로로 삐져나와 있을 정도로 삐죽삐죽 솟아나 있었다. 억세고 메마른 나무의 껍질은 사진사의 딱딱하고 거친 피부를 닮아 보였다.

 남의 면전에 카메라를 들이대고 셔터는 잘도 누르면서, 정규의 캠코더가 자신을 주시한다는 사실에 사진사는 어색한 표정을 지었다. 어느새 정규가 잔발을 굴려 얼굴을 근접해 촬영하기만 해도 사진사는 연신 당황한 기색으로 발걸음을 재촉해 금세 정규를 앞질러버리곤 했다. 다큐멘터리 출연해 봤다더니. 정규는 오늘 하루 눈앞의 통제 불가한 사진사로 인한 고생을 각오했다. 그럼에도 이건 기회다. 어쩌면 절호의 찬스일지도 모른다. 정규는 윤석의 외주 촬영은 대충찍어 던져 버리고, 이곳에서 자기 작품을 만들기로 한 것이다.

 몸이 아픈 할머니와 아직 기력이 팔팔한 사진사의, 잊지 못할 과거 로맨스. 할머니가 말했던 사진사가 저 사람이 맞다면 기깔나는 다큐멘터리 하나 만들어질지도 모른다. 눈앞에서 빠르게 걸어가는 사진사의 걸음 속도를 단숨에 따라잡아. 렌즈를 들이대며 클로즈업했다. 뷰 파인더에 잡힌 사진사의 당황한 표정이 제법 귀엽게 느껴질 정도였다. 입가에 묻은 빨간 국물 자국도 마음에 들었다.

 용두산공원은 산등성이를 깎아 만든 공원답게 언덕길이 많다.

애초에 산책길 자체도 고르지 못한 곳이 많고, 정규가 서울에서 거닐던 시민공원보다 뒤떨어지는 수준이었다. 산책길 깊숙한 곳으로 들어서자, 이미 공원이라기보다는 사람을 위협할 만한 네 발 달린 짐승이 어슬렁거리며 나타나도 전혀 이질감이 들지 않을 정도의 으슥한 풀숲으로 들어서는 것 같기도 했다.

어느새 가파른 경사가 나오자 사진사는 발걸음 속도를 늦추고
"아이고, 대다."
라며 숨을 몰아쉬면서 난간에 기대어 정규를 쳐다보았다.
"우리 나이 되면 걷는 것도 많이 못 해."
말은 그렇게 해도 사진사의 얼굴에는 정규의 안색을 살피는 여유가 느껴졌다.

정규는 가쁜 숨을 몰아 뱉으며, 벤치에 털썩 앉았다. 용두산공원은 어린 시절에는 정말로 넓은 광장처럼 보였지만 지금은 그렇지 않다. 몇 년 만에 왔는지 기억도 나지 않지만, 이곳은 아늑하리만치 협소한 장소였다. 그럼에도 산책길 한 번 걷는 데 숨을

헐떡이는 자신이 조금 한심하게 느껴졌다. 근처에 자판기라도 있으면 생수라도 뽑아먹으려고 주위를 둘러보았지만 보이지 않았다.

"자판기는 장사 안돼서 진즉에 다 치웠더라고. 공원에 사람이 많이 안 오니까."

"네에……."

그러고 보니 산책길을 걷는 동안 사람 하나 보이지 않았다. 사진사와 정규를 멍하니 쳐다보는 들고양이 몇 마리 마주쳤을 뿐.

"물 말고, 나중에 밑에 내려가서 토마토주스 하나 사도. 설탕 뺀 걸로."

"네에……."

정규가 순순히 대답하자 사진사의 얼굴에 화색이 돌더니, 정규가 앉은 벤치로 걸어와 엉덩이를 붙였다. 두 사람은 말없이 호흡을 가다듬었다. 바람이 휘이잉 불어와 나뭇잎이 흐드러지는 소리가 들려왔고, 그 소리가 들려오는 어딘가를 함께 바라보기도 했다.

"사진 찍는 일은 언제부터 해오신 거예요?"

저 멀리서 공원에 들어서는 아이들의 웃음소리가 희미하게 들려올 때, 정규가 물어보았다. 사진사는 아이들의 소리에 반응하듯 고개를 두리번거리더니 정규를 바라보았다.

"내는 숫자를 세는 것도 우스울 정도로 오래 찍었지. 한 40년은 훨씬 넘은 것 같은데."

"40년이요……?"

"어, 40년 동안, 거의 매일같이 여기 출근하지."

가늠이 안 되는 숫자였다. 사진 찍는 일이라는 게 한량한 느낌이긴 하지만, 그래도 사진사는 생계를 위해 (혹은 책임감 따위를 느끼며) 그 일을 해왔을 것이다.

나는 40년 동안 다큐멘터리를 만들 수 있을까.

공원으로 출근을 한다는 표현이 언뜻 웃기게 들릴 수도 있지만, 속으로라도 결코 비웃을 마음은 들지 않았다. 되레 정규의 마음 속 깊은 곳에서 "대단하시네요."라는 말이 자동으로 튀어나왔다.
"그라모 뭐하노, 요즘은 스마트폰이 내 카메라보다 좋아서, 누구나 사진 직접 찍는다 아니가."
"그래도 쭈욱 그 자리를 지키고 있잖아요."
"당연하지. 줄곧 이거 해왔는데, 이제 와서 다른 거 할라 해도 못해. 그냥 눈뜨면 여기 나오는 거라. 나는 이 공원을 참 좋아하거든."
 사진사는 언덕 아래의 길을 바라보며 말했다. 그 순간 정규는 '나는 이 공원을 참 좋아하거든.' 하고 말을 할 때 사진사의 두 눈이 잠깐 반짝이는 것처럼 보이기도 했다.
 저 멀리서 들려오던 아이들의 인기척이 점점 희미해져 가더니 그 소리가 완전히 사라지자, 사진사는 정규를 힐끔 쳐다보았다.

"뭐고? 내 안 찍고 있나?"

"네?"

"에이, 거 참, 이런 거 말할 때는 찍어야지. 내 지금 표정 좋았는데."

사진사는 과장스럽게 얼굴을 찡그렸다. 정규는

"아, 네 잠깐만요."

라고 말하며 서둘러 잠시 꺼 둔 캠코더의 전원 버튼을 누른 뒤 녹화를 시작했다.

"나는 이 공원을 참 좋아하거든."

사진사는 자신이 했던 말을 반복해 보였다. 말이 끝나고도 무엇인지 모를 저 먼 어딘가를 아늑한 시선으로 바라보다가 다시 정규를 쳐다보았다.

"컷은 왜 안 하노? 그런 거 안 해주면 내가 뻘쭘하다 아니가."

사진사가 쏘아대자 정규는 "커, 컷!" 하고 말하며 캠코더를 내렸다. 사진사는 구부러진 무릎을 펴면서 작은 신음을 내더니

"토마토주스나 하나 빨로 가볼까?"

라며 환히 웃으며 벤치에서 일어났다.

 공원을 내려가는 길에 사진사의 라이벌이자 동료인 노인이 보였다. 짐 꾸러미를 주섬주섬 챙기고 있는 노인 앞에는 즉석 사진이 붙은 나무 판때기가 많이 쌓여있었다. 정규가 노인을 물끄러미 쳐다보자 옆에 있던 사진사가 속삭이듯 말했다.

"점마는 일하다가 그만둔 사진사들 판때기 모으는 게 취미다."

"왜요?"

"그건 나도 모르지. 나이 많은 인간들 뭐 잘 줍고 모은다 아이가."

 사진사의 말에 정규는 고개를 끄덕였다. 듣고 보니 그런 것 같다. 길거리의 폐지를 줍는 것도, 자신의 동료이자 라이벌인 사진사들이 사용하던 나무 판때기를 모으는 것도, 색이 바랜 사진을 중히 여기며 손자에게 옛날이야기를 꺼내는 것도 전부 같은 행위다.

"점마는 남이 찍은 사진을 자신이 찍은 거처럼 해서 관광객들에게 보여주려고 그러는 거 같기도 하고……."
"그건 반칙 아니에요?"
정규가 묻자 사진사가 피식 웃으며
"반칙이라……."
라고 중얼거리며 말을 이었다.
"그렇게라도 해서 누구 한 명이라도 사진 찍는 일이 잘 되면 다행인 거지."
사진사는 경쾌하게 앞으로 걸어가더니, 다시 정규를 향해 고개를 돌리고
"토마토주스, 점마 것도 하나 사주자."
라고 말했다. 정규는 사진사의 말에 고개를 끄덕이고, 노인의 뒤를 잠시 바라보다가 이내 발걸음의 속도를 높여 사진사를 쫓았다. 그 발소리가 들렸는지, 짐 정리를 하던 노인이 고개를 돌리고 정규와 사진사를 힐끗 쳐다보았다.

*

"말도 마라, 코로나 때문에 대한민국이 쑥대밭이 됐을 때, 그때 내만치 나이 든 영감쟁이들 골로 간 사람들 많거든? 그때 나도 몸이 좀 이상하더라고. 평소에 감기 한 번 안 걸리던 나도 몸이 아프기 시작한 거야. 야이씨, 올 게 왔구나. 결국 내한테도 바이러스가 덤벼들었구나 싶었지."

캠코더 화면에는 사진사의 옆모습이 보이고 있다. 처음 캠코더를 얼굴에 들이댔을 때의 어색함은 온데간데없이 사라지고, 사진사는 한층 커진 목소리에 손바닥으로 자신의 허벅지를 찰싹! 때리며 추임새까지 넣었다.

"네에……."

정규는 어느새 배터리가 8퍼센트밖에 남지 않은 자신의 캠코더 뷰 파인더를 바라보며 적당히 고개를 끄덕였다. 그러자 사진사는 자신의 말에 제대로 된 호응이 없자 떨떠름한 표정을 짓더니, 토마토주스를 한 모금 마시며 시선을 옆으로 돌려버렸다.
"그, 그래서 어떻게 됐는데요?"
정규가 서둘러 대꾸를 했다. 정규의 반응에 꺼져가는 불씨를 다시 살리기라도 하듯, 사진사는 두 눈이 반짝이며 정규를 쳐다보았다.
"올 것이 왔구나 싶었지! 그 후로 몇 날 며칠을 끙끙 앓았거든. 그 와중에 생각했지. 과연 내가 어디서 코로나에 옮았을까, 근데 나는 사람을 접촉한 기억이 없는기라. 공원에 있는 비둘기한테 옮았나? 혼자 오만가지 생각이 들기도 하면서, 몸은 몸대로 아프고, 그러다 보니까 어느 순간에는 막 검은 옷 입고 시퍼런 피부색을 한 사람들까지 보이데? 아이고, 이게 누군가 했더니만 저승사자인 기라! 내를 데꼬 가려고! 내가 헛것까지 보고 그랬거든? 그래서……."
사진사는 입에 있는 토마토주스를 다 삼키지도 않고 말을 하다가 입가에 주스가 흘러내리기도 했다. 턱에 있는 빨간 국물 자국은 어쩌면 토마토주스 자국은 아닐까? 정규는 앞에 놓인 자신의 음료를 한 모금 마시며 생각했다. 그 와중에 자신의 아이스 아메리카노에서는 어쩐지 단맛이 느껴지는 것 같아 고개를 갸웃거리기도 했다.

사진사와 정규는 용두산공원의 바로 밑에 있는 광복동의 작은 길커피 점포로 향했다. 환한 대낮의 광복동 일대는 정규에게 무척 오랜만이었다. 하지만 많은 건물의 내부는 텅텅 비어있고 '입점 문의'라는 종이가 붙어있어 그 풍경이 사뭇 낯설게 느껴지기도 했다.

"코로나 이후로 다 폐업했는데, 그 이후로는 좀처럼 나아질 기미가 안 보이네."

길커피 점포를 운영하는 여자가 말했다. 정규는 여자에게 사진사의 다큐멘터리를 촬영하고 있다고 설명하며, 위화감을 최소화하기 위해

"요즈음 장사는 잘 되나요?"

하는 말을 넌지시 건네기도 했다. 어림잡아 60대 중후반으로 보이지만, 그 나이대로 보이지 않기 위해 화장을 과하게 한 여자는 자신의 점포로 찾아온 사진사를 보자마자 커다란 토마토 두 개를 꺼내 믹서기에 갈기 시작했다.

여자는 "우리 같은 천 원짜리 장사는 돈 버는 것도 크게 없지만, 잃는 것도 없거든. 총각은 아이스커피?"라고 말했다. 정규가 "아이스 아메리카노요."라고 말했지만, "그래, 아이스커피."라며 여자는 손가락으로 오케이 사인을 보이면서 능수능란하게 커피를 만들기 시작했다.

"여길 떠나봐야 갈 곳도 없고."

여자는 덤덤한 표정으로 정규에게 아이스 커피를 건넸다. 커다란 컵에 상당히 많은 커피를 담아주었지만, 커피의 색깔이 묘하게 믹스커피의 색과 닮아 있었다. 정규는 여자가 만들어준 아이스커피를 건네받고 사진사를 쳐다보았다. 사진사는 이미 빨대로 토마토주스를 쭉쭉 빨고 있었다.

"코로나 그거 뭐가 무섭다고, 내 예전에 코로나 함 걸렸거든?"

"또 시작이네."

 사진사의 말에 여자가 코웃음을 쳤다. 하지만 그런 사진사가 밉지는 않은 듯, 얼굴에는 미소를 띠고 있었다. 정규는 서둘러 캠코더를 켜고 사진사가 코로나를 겪은 무용담을 듣기 시작한 것이다.

"내가 그 병 때문에 진짜 힘들었는데 그래도 악착같이 버텼드만, 어느 날 갑자기 괜찮아졌어. 다 나았다고."

"정말이에요?"

 정규가 커피잔을 내려놓고 물었다.

 코로나를 겪고 고열에 시달리며 생사를 넘나들던 사진사는 그럼에도 병원에 가지 않고 악착같이 병마와 싸우며 매일같이 공원에 출근했고, 약국에서 파는 감기약을 하나 사 먹고 난 이후, 거짓말같이 싸악 나았다는 썰을 풀었다.

"코로나 그거 별거 아니야, TV에서 하는 말 순 거짓말이라, 거짓말. 시민들 겁줄라고 선동하고 말이야. 에라이 몬땐 놈들!"

사진사가 입가로 흘러내린 토마토주스를 손등으로 스윽 닦으며 말했다. 시뻘건 국물 자국이 옅어졌다.

사진사의 말을 듣던 정규는 입가로 피식피식 웃음이 새어 나오더니, 결국 깔깔깔 소리 내어 웃고 말았다.

"왜 웃노, 진짜라카이."

정규가 웃자 사진사는 언성을 높이기도 했다. 사진사의 말은 사실이 아닐 것이다. 분명 잠시 겪은 몸살 정도일 것이다. 그럼에도 본인 딴에는 정말로 코로나 바이러스를 극복한 것처럼 말하는 (자신이 코로나 바이러스에 감염되었다고 철석같이 믿고 있는) 사진사가 귀여워 보였다.

아무렴 어떠랴, 지금 이 모습은 다큐멘터리에서 꽤 재미있는 장면으로 사용될지도 모른다. 말하자면 킬링 포인트랄까. 정규는 사진사를 흐뭇한 눈빛으로 바라보고 있었다.

 정규는 "대단하시네요."라며 어느새 익숙해진 달달한 맛의 아이스커피를 홀짝홀짝 들이켰다. 옆 테이블 위에 올려놓은 사진사의 카메라 위로 작은 햇살 한 줄기가 떨어지고 있을 무렵이었다.

 그 후로도 사진사의 인터뷰는 이어졌다. 정규는 사진사에게 어디에 사는지, 가족관계는 어떻게 되는지 등을 물어보았다. 민감하다고 느껴지는 질문이라면 답변을 안 해도 된다고 말을 했지만, 사진사는 거리낌 없이 답해주었다. 거주지는 창신동 국제시장 인근이고, 가족은 없다고. 사진사는 어느새 토마토주스를 다 비우고 밑에 남아있는 건더기를 먹기 위해 혀를 날름거리고 있었다.

 외롭지는 않으세요?

속에 있는 말을 하지 않고 물끄러미 사진사를 바라보았다.
 잠깐 동안 아무 말도 하지 않다가, 정규는 옆 테이블에 놓인 사진사의 카메라에 대해 묻기 시작했다. 그 순간 사진사는 장난감에 흥미를 보이는 어린아이 같은 개구진 표정을 내비쳤다. 사진사는 카메라를 손에 쥐고 자부심과 애정이 섞인 자신의 장비를 소개하기 시작했다. 자신이 예전부터 사용한 필름 카메라도 많다며 카메라 기종을 하나씩 말하기도 했다. 그 순간 정규도 두 눈이 반짝이는 듯했다. 그중에는 정규가 갖고 싶어 하던 브랜드의 모델도 있었기 때문이다. 사진사는 다음에 자신이 찍은 사진을 보여주겠다는 말을 하였고, 정규는 그 모습도 촬영하고 싶다고 말을 했다.
 사진사는 고개를 끄덕이며, 야무지게 핥아먹은 토마토주스의 빈 잔을 테이블에 내려놓았다. 어느새 옆 테이블에 있는 햇볕이 두 사람의 테이블로 이동했을 무렵이었다. 자신의 얼굴 위로 떨어지는 햇살에 눈이 부시지만, 그 따사로움을 느끼는 듯 처연하게 두 눈을 감고 있는 사진사의 얼굴을 캠코더에 담았다.

그날 밤, 윤석에게서 전화가 왔다.

다큐멘터리에 필요한 인서트 컷을 AI 이미지로 대체하거나, 다양한 지역의 촬영 푸티지를 유료로 구입할 수 있는 플랫폼을 통해서 작품 제작을 할 수 있다며, 정규에게 의뢰한 촬영을 중단해야 한다고 말했다. 윤석 역시 클라이언트에게 통보를 받은 모양이었다. 윤석은 정규에게 미안했던지, 인건비를 다시 달라고 하지는 않았다.

정규는 갑작스러운 연락에 당황하기도 했지만, 되레 잘 되었다고 생각을 했다. 자신이 기획한 할머니와 사진사의 로맨스 다큐에만 집중하면 되기 때문이다.

"야, 이러다가 영상제작자들 전부 망하는 거 아니냐."

"그러게."

한숨을 푸욱푸욱 쉬는 윤석의 말에 정규는 건성으로 대답했다.

"정규야, 나는 앞으로 이 일을 계속할 수 있을지 고민을 좀 해봐야겠다. 다시 고향에 내려가야 되나 어쩌나……."

윤석이 투덜거렸지만 정규는 그 말에 맞장구쳐 주지는 않았다.

중요한 건 기술력이 아니라 연출자의 마음가짐과 태도라고 말했던 게 누구였더라.

정규는 속으로 윤석을 비웃었다.

*

"할머니, 혹시 이 할아버지 기억나?"

다음날 정규는 순자에게 찾아갔다.

늦은 밤, 어두운 병실 속 정규의 목소리는 첫날 순자를 찾아왔을 때보다 들떠 있는 듯했다. 그럼에도 주위에 있는 환자들은 그런 정규에게 시끄럽다는 눈총 한 번 주지 않았다. 아무도 보지 않는 TV 속 뉴스 진행자의 무미건조한 목소리만 병실 위를 떠다니고 있었다.

"모르겠는데."

순자는 캠코더의 작은 화면을 멍한 표정으로 바라보았다. 꽤 한참 동안 그 속에서 떠들어대는 사진사의 얼굴을 두 눈으로 더듬더듬 살폈다. 정규는 그런 순자의 얼굴을 예의주시하듯 살폈다.

"할머니, 잘 봐. 이 할아버지 기억 안 나?"

"응. 모르는 할밴데."

순자는 계속해서 사진사의 얼굴을 바라보았다. 하지만 사진사는 그녀의 희미하게 꺼져 가는 기억의 불빛을 다시 환하게 비출 만한 인물이 아닌 듯했다. 그럼에도

"이 할배, 나이도 많은데 쌩쌩하네."

라며 흥미롭다는 듯 사진사를 바라보았다. 졸린지, 입 밖으로 꺼내는 말은 느릿느릿하기도 했다.

그 순간(정말 아주 잠깐 동안) 정규는 순자에게 치매끼가 있어 기억을 못하는 상태가 된 것인가 의심하기도 했다. 아무런 미동 없이 침대 위에 누운 채로 캠코더를 바라보는 순자의 얼굴은 어린아이 같아 보이기도 했다. 늙으면 어린아이가 된다더니 할머니가 그렇게 오락가락하고 있는 것은 아닐까, 그런 몹쓸 생각을 했다가, 이내 그런 생각을 한 자신을 자책하며 두 눈을 질끈 감고 고개를 좌우로 휘저었다.

"아니면 어쩔 수 없지."

아쉽긴 했다. 하지만 그렇다고 뭐 어쩔 텐가, 순자가 젊은 시절 연정을 나누던 할배를 영상으로 찍어 달라고 손자인 정규에게 부탁을 한 것도 아니고, 정규 혼자 멋대로 순자와 사진사의 다큐멘터리를 기획한 게 아닌가.

그럼에도 캠코더의 전원 버튼을 끄지 않고 계속해서 재생되는 화면을 순자와 정규는 지켜보았다.

"기억에 있는 거 같기도 하고. 우리 전당포에 와서 카메라 맡겼던 거 같은데."

한참 동안 아무 말 없이 캠코더를 바라보던 순자가 말했다. 정규는 그 말에 반응을 보이며 "아, 그래?" 하고 순자의 얼굴과 캠코더를 번갈아가며 쳐다보았다.

캠코더에는 정규가 산 토마토주스를 마치 자신이 산 것처럼 생색을 내며, 공원에 올라가는 사진사가 보였다. 사진사는 공원에 올라가 자신의 동료이자 라이벌인 노인에게 토마토주스를 건넸다. "이거 무라. 무설탕이다." 사진사가 건네자, 노인은 "어." 하고 대답하며 토마토주스를 받았다.

"이 할배는 누고?"

그 순간 순자의 눈빛에 반짝임이 일렁이는 듯했다.

"저 할아버지도 사진 찍는 사람이래."

혹시 저 노인인가······.

노인의 모습은 제대로 보이지 않았다. 정규가 노인을 촬영하려고 캠코더를 슬쩍 올릴 때면 노인은 손바닥으로 정규의 캠코더를 가리며, 마치 사회에서 불법적인 일을 저지르고 그 현장에 발각된 사람처럼 자신을 찍지 말라고 신신당부했기 때문이다. 작은 화면에서 "에헤이, 거 참, 찍지 말라니까." 하는 노인의 목소리가 들려왔다. 촬영을 안 하는 척 몰래 촬영하려는 정규의 비겁

한 수법을 노인은 꿰뚫고 있는 듯했다.

"목소리가 낯이 익은데."

순자가 검지로 볼을 긁적이며 반응했다.

"이 사람이야?"

"목소리가 낯이 익은데."

순자는 분명하지 않은 말만 반복할 뿐이었다. 정규는 캠코더 버튼을 엄지로 꾹꾹 눌러가며 노인의 모습이 담긴 또 다른 장면을 찾았다. 하지만 캠코더를 들이대면 재빨리 고개를 돌려 버리는 알미운 뒷모습만 보일 뿐이었다.

*

 며칠 뒤, 정규는 다시 용두산공원으로 향했다. 이른 시간에 와서 그런지 한산한 용두산공원은 왠지 텅 빈 공허함이 느껴질 정도로 조용했다.

 오늘은 웬일인지 얼마 전 촬영을 했던 사진사가 보이지 않았다. 뭐야, 매일 아침 공원으로 출근한다더니 역시 거짓말인가? 하는 생각이 들었다. 하지만 저 멀리 정규의 목표물인 노인이 보였다. 정규는 캠코더를 손으로 꽉 쥐고 노인에게 향했다.
"안녕하세요."
 인사를 하며 다가가자, 뒤로 돌아서서 자신의 짐을 풀고 있던 노인이 정규를 쳐다보았다. 여전히 정규를 경계하는 표정이었다. 아니, 오늘따라 유난히 차가워 보이기도 했다. 얼마 전에 토마토주스를 사 주었기 때문에 조금은 아는 척을 해줄지 알았건만.

 정규는 노인의 표정을 어떻게든 누그러뜨리기 위해 억지로 환한 웃음을 지어 보였다. 하지만 정면에서 내리쬐는 뜨거운 햇볕 때문에 정규의 얼굴은 더욱 찡그린 꼴이 되어버렸다.

 정규는 햇볕을 차단하기 위해 손바닥을 들어 올리고, 정면에 서 있는 노인을 똑바로 쳐다보았다. 노인은 한 손으로 나무 판때기를 가슴에 꼬옥 품고 있었다.

나무 판때기에는 어린 시절 정규와 순자의 사진이 붙어 있었다. 어린 시절의 정규가 인상을 잔뜩 쓰며 정규를 바라보고 있었다.
 조금 전까지 들리지 않던 매미 소리가 텅 빈 하늘 어딘가에서 울려 퍼지기 시작하는, 봄과 여름 그 사이 어디 즈음의 계절이었다.

♦

나의 이야기

● <우리에게도 이름은 있다> 김범화

무구 <무명과 유명 사이>, <내 이름으로 살기>
<날 이해하지 못하던 당신에게> ●

🂠 <우리에게도 이름이 있다> 김형경

🂠 <무명과 유명 사이>, <내 이름으로 쓸기>, 은희경
<글 이외에는 문학이 침묵의 상태이게>

김 범 화

우리에게도 이름은 있다

 나는 경계인이다. 학교 밖 청소년에서부터 대학 자퇴생, 고립 은둔 청년까지. 경계에서 세상을 바라본 지 10년이 넘었다. 한 사회의 안도 아닌, 그렇다고 바깥도 아닌 곳에서 생활하면서 많은 걸 배웠고, 또한 배우지 못했다. 세상은 어딘가에 속하지 않은 나를 원하지 않았다. 많은 공고에 제약이 걸렸고, 모집 대상에서도 자리를 찾아볼 수 없었다. 학생이 아닌 10대, 20대는 불릴 이름이 없는 사람과도 같다. 그래서 여러 차례 불리지 못했다.

부적응이라는 사유 아래 고등학교를 자퇴했다. 지나가는 사람들은 무신경하지만 삐딱한 시선으로 바라보곤 했다. '저런 애랑 놀면 안 된다.' 모범생이었던 나는 한순간에 '저런 애'가 되었다. 다친 마음으로도 세상에 나가보고자 했다. 글쓰기를 좋아했던 나는 공모전을 찾아보았다. 대부분의 청소년 대상 공모는 중·고교 재학생에 제한되어 있었다. 소속 학교를 쓰라는 신청서를 열어보고는 머쓱하게 포기하는 일이 잦았다. 물론 동일 연령대 청소년 모두를 포용하는 공모전도 있었다. (요즘은 예전보다 훨씬 더 많이 찾아볼 수 있다. 그들에 감사한다.) 나는 결국 한 공모전에 참여를 했고, 참가 상을 받을 수 있었다. 부상으로 주어진 중국 여행에서 우리는 짧게 참가 소감을 나눴다. 나는 학교 밖 청소년을 위한 공모전이 많이 없는데 이런 기회를 주심에 감사하다는 이야기를 했다. 미묘한 따뜻함으로 누그러지던 심사위원들의 표정은 아직도 내게 큰 위로로 남아있다. 다시 한번 모든 청소년을 포용하려는 어른들이 많이 생겼음에 감사드린다. 동시에 학교 밖에서 열심히 살아가고 있는 모든 10대들을 응원한다.

또한 같은 맥락에서의 20대들을 응원한다. 나는 1년 일찍 대학교를 갔지만, 건강상의 이유로 몇 개월 후 다시 자퇴생이 되었다. 참고로 검정고시를 합격하고 나면 더 이상 학교 밖 청소년이 아니게 된다. 학교 밖 청소년 센터에서는 합격한 대학교의 이름을 물어본 뒤 더 이상 연락이 오지 않았다. 모두가 나를 학생이라고 불렀지만 나는 학생이 아니었고, 학생이고 싶지도 않았다. 그렇다고 직장인이 될 깜냥도 못 되었다. 또 한 번 외톨이가 된 기분이었다. 19살의 나는 성인도 아니고, 고등학생도 아니고, 대학생도 아니었다. 정체성에 혼란이 생겼다. 이런 상황을 뭐라 말해야 할지도, 뭐라고 불러야 하는지도 몰랐다. 어쩌면 내가 예민했던 건지도 모른다. 하지만 어린 날의 기억을 되새겨보면, 누군가는 내게 너는 뭘 하냐며, 자가 격리 중이냐고 비아냥거렸다. (코로나 시기였다.) 누군가는 차마 물어보지 못하고 어정쩡하게 대했다. 누군가는 대놓고 피하는 기색을 보였다. 친구들이 학교 이야기를 나눌 때, 가족들이 근황 이야기를 할 때, 나는 아무 데도 낄 수 없었다. 무턱대고 달려온 인생에 브레이크를 밟을 차례였다. 우울증과 대인기피증이 생겼다. 나는 아무것도 아니었다. 세상 어디에서도 날 찾아주지 않았다. 나는 그저 대학을 자퇴한 19살이었을 뿐인데. 대학생을 위한 학교 밖 청소년 센터는 왜 없는 걸까. 아직도 학생들 무리가 지나가면 이유 없이 심장이 두근거린다.

 긴 시간이 지나 다시 용기가 생겼을 때, 상담을 받고 아무리 생각을 해봐도 결론은 두 가지로 좁혀졌다. 일을 하거나, 공부를 다시 하거나. 그래서 사이버 대학교에 들어갔다. 사이버 대학교는 성적보다 자기소개를 더 많이 본다. 진정 공부를 하고 싶은 이유를 묻는다. 건강이 좀 나아져서 다시 세상 밖으로 나오니 사람들이 또다시 묻는다. 대학생이에요? 학교는 어디 다녀요? 나는 머쓱하게 웃거나 말을 피했다. 왠지 모르게 사이버 대학생은 창피한 명목이었다. 왜 대학교에 안 갔느냐고 물으면, 그게, 가긴 갔는데요.

 별일 아닌 일에도 사람들의 시선이 두려워졌다. 편견에 맨몸으로 대항하는 일의 실상은 많이 아프고, 외롭고, 지치는 일이다. 더 이상 사회에 속하지 않는 존재로 존재함 역시 많이 두려운 일이었다. 지금까지의 인생은 스스로의 가치를 확장시키는 일이자, 어쩌면 완고히 좁혀가는 과정이었을지 모른다. 하지만 후회하지 않는다. 남들은 평생 알 수 없을 불안감 속에서도 잘 버텨왔다.

 두 번의 전과를 거쳐 이제 졸업을 앞두고 있다. 지금은 남부끄럽지 않게 직접 사이버 대학생이라고 소개한다. 항상 배울 의지가 있었고, 포기하지 않는 의지로 살아왔기에 나는 언제든 잘 살아가게 될 거라고, 그렇게 믿는다. 알지 못하는 이들의 따가운 시선과 비수를 꽂은 말들은 나를 더 강하게 만들었다.

 경계에 서있던 10여 년의 세상이 나를 창피하게 만들었고, 스스로도 창피한 줄만 알았다. 일생이 사회로부터 고립된 시기였을지도 모른다. 어쩌면 사회가 주는 편견과 압박감에 눌려 스스로를 그렇게 만들었을 가능성도 있다. 하지만 지금은 안다. 나를 알아주려는 사람들이 있고, 창피하지 않은 삶을 살아왔고, 언제든지 노력한다면 괜찮은 인재가 될 수 있다는걸. 지금은 나를 고립·은둔 청년이라 부르면서도 고립되지 않으려고 노력한다.

고립·은둔 청년들이 나날이 늘어가는 이 세상에서 나의 경험이 무슨 역할을 할 수 있을지를 고민하며 살아간다. 가까워지는 건 어렵지 않다. 서로를 알아주고, 믿어주고, 한 걸음 앞이라도 함께 걸어가 주는 일이다. 되짚어 보통의 청년들과 다른 청년들 역시 존재함을 알아주고, 그들의 힘을 믿어주고, 한 걸음 앞으로 데려가 주는 사회. 나와 비슷한 길을 뒤따라올 이들이 덜 외로울 수 있기를. 학교 밖에서든 사회 밖에서든, 어디에서든 존재하는 그들을 알아주기를 바란다.

우리에게도 이름은 있다. 이제는 그 이름을 불러줄 이들이 부재하지 않을 것이고, 이 모든 푸념에도 결국 세상은 변하고 있음을 믿는다. 결국에는 세상의 모든 부적응 자들이 적응할 수 있는 사회가 만들어지기를 바란다. 그런 마음으로 글을 마친다.

무 구

무명과 유명사이,
날 이해하지 못하던 당신에게,
내 이름으로 살기

<무명과 유명 사이>

"나는 한 번도 무명이었던 적이 없어요. 왜냐하면 저는 이름이 있었으니까요."

구교환 배우가 어떤 잡지와 인터뷰한 내용에 있던 문장이 나를 사로잡았다. 얼핏 보면 말장난 같기도 하고, 이미 대중들에게 이름을 알린 유명 배우가 하기엔 모순적인 말처럼 보였다. 그래도 한동안 나는 이 문장을 종종 떠올렸다. 많은 사람들이 자기의 이름을 알든 모르든, 그는 자신에게 이름이 있기에 무명하지 않다고 말했다.

뻔뻔하다고 해야 할까, 엉뚱하다고 해야 할까. 그의 독특한 관점에 감탄하다가도 나는, 그의 당당한 자존감이 부러워졌다. 그의 말대로라면, 나도 무명이지만 무명이 아닌데. 그런데 정말 그럴까? 나는 그 뒤에 끈질기게 따라붙는 의심을 쉽게 털어내지 못했다.

 유명하지 않다고 비굴해질 필요까진 없었는데, 나는 쉽게 나를 굽히곤 했다. 부끄럽다는 말로 눙치곤 했지만 사실 그건 핑계였다. 타인에겐 그러지 않으면서 자신에게 가혹한 건 나의 오래된 습관이었다. 끝없이 속으로 반문하고 몰아세웠다. 자기성찰이라는 구실 좋은 이유를 대지만 실상은 근거 없는 비난이었다.
 나는 처음 작가라고 불린 뒤로 꾸준히 글을 쓰고 책을 만들어왔는데도, 이상하게도 점점 자신감이 줄어들었다. 자꾸 이유 모를 눈치를 봤다. 무엇을 해야 충분해질까. 아직도 여전히 늘 모자란 기분이 들었다.
 어느 날, 아주 오래도록 동경하던 작가를 만날 기회가 생겼다. 살면서 자신이 좋아하는 작가를 만나 얼굴과 얼굴을 마주하고 대화할 기회를 얻는 이가 얼마나 있을까. 그 흔치 않은 행운이

나에게 찾아왔고, 나는 이 기적의 순간을 놓치지 않기로 했다. 대중 강연에서 처음 만났지만, 나는 그것으로 만족할 수 없어서 적극적으로 그에게 연락했다. 단어 하나하나를 고심하며 문장을 써서 그에게 이메일을 보냈다. 작가로서 살아가는 삶에 대해 고민이 있고 여쭤보고 싶은 게 있어 만나고 싶다는 내용이었다. 지면에는 최대한 간추려서 내 이야기를 담고, 실제로 만나게 되면 더 깊은 대화를 나누리라 기대했다. 혹여 답이 오지 않더라도 시도한 것에 의미를 두려 했는데 긍정적인 회신이 왔다. 그와 나는 저녁 식사 약속을 잡았고, 대망의 날 우리는 만났다.

전혀 예상치 못한 이야기들의 연속이었던 두 시간 끝에, 나는 떨리는 마음으로 그에게 내 책을 건넸다. 책을 받아 든 그는 이렇게 말했다.

"요즘 이렇게 책 만들면 누가 좀 사요?"

어떤 의도로 그런 말을 하는 것인지 파악이 되지 않아, 나는 웃으며 그래도 나름 잘 팔리고 있다고 답했다. 책을 좀 책처럼 만들어야지, 하고 이어지는 그의 말은 나 들으라고 한 말이었다. 나는 그 앞에서 어떤 말도 쉽게 꺼낼 수 없었다.

그는 국내에서 꽤 유명하고 이름난 작가였다. 웬만한 국내 메이저 출판사에서는 아마도 그의 책이 다 나왔을 것이고, 굵직굵직한 문학상을 타는 정도를 넘어서 심사위원으로도 종종 그의 이름이 있는 것을 나는 다 지켜보았다. 그만큼 그의 작품과 행보를 유심히 지켜보고 존경했던 터이다. 그런 그에게 들은 말들은 충격이란 말로 다 설명이 어려웠다.

나는 그를 작가로서 존경하고 선망했는데, 그는 나를 작가로 보지 않았다. 내 책도 책으로 보지 않았다. 그런 그 앞에서 나는 화를 내거나 반박하거나, 하다못해 그의 무례함에 대해 지적조차 하지 못하고 그냥 얌전히 그에게 인사를 했다. 그는 앞으로 좋은 소식이 생기면 알려주라는 말을 남긴 채 음식점을 떠났다.

마음에 교통사고를 당하면 그런 기분이었을까. 어떤 단어로 표현하기 힘든 감정을 느꼈다. 처음엔 당장의 상황이 이해되지 않아 자꾸만 지나간 시간을 머릿속으로 복기했다. 내가 했던 말과 그가 했던 말들. 그 대화 안에 있던 의미가 무엇이었는지 생각하고 또 생각했다. 혹여나 내가 놓친 말은 없는지, 오해한 것은 없었는지. 그러나 결론은 명확했다. 조금씩 사태가 파악되자 그제야 감정이 드러나기 시작했다. 눈물이 쪼르륵 나오더니 금세 걷잡을 수 없는 울음이 울컥 쏟아져 나왔다. 당혹감과 배신감, 슬픔과 분노, 나아가서는 자기 연민에까지 도달하고야 말았다.

그는 그런 말을 할 자격이 있는 유명하고 대단한 작가이지만, 나는 그런 업적을 달성한 적 없다는 것이 이유였다. 나는 가지지 못했으나 그는 가졌기에 그래도 된다는 논리에, 아마도 그도 가지고 있었을 그 논리에 이르자, 나는 더욱 울음을 그치지 못했다. 그동안 내가 살아온 삶에 대해서도 쉽게 회의했다. 이 나이 먹도록 내가 이룬 것이 무엇인가, 남들은 척척 멋진 작품 만들고 상도 타고 이름도 날리는 동안, 나는 한 것이 없어서 이런 이야기를 듣고서도 아무 말도 못 했다고.

눈물을 겨우 그치고 잠들고 일어난 다음 날, 이 상태로 계속 있다가는 영영 글쓰기를 포기할 것 같았다. 급하게 선생님께 SOS를 보냈고, 응답이 왔다. 선생님은 영문도 모른 채 그저 울음기가 있는 내 목소리만 듣고 무슨 일이 있었겠거니 짐작만 하셨다. 그 작가와의 만남 속 일어난 일들을 찬찬히 듣곤, 힘들었겠네요, 선생님이 건넨 따뜻한 한마디에 나는 또 주르륵 눈물을 흘렸다.

"그 말이 진짜가 되게 안 놔둘 거죠?"

 속상한 마음을 달래주는 사람이 있다는 것으로 만족하려던 내게, 선생님이 말했다. 그 사람이 한 말이 정말 그렇게 되게 내버려둘 거냐고. 그 말이 무례하고 불쾌했으니, 그가 죽은 뒤에 언젠가는 이 모든 사실을 폭로하겠다는 나의 엄포에, 선생님은 뭣하러 그가 죽을 때까지 기다리느냐고 반문했다. 그가 살아있을 때 직접 듣고 부끄러워할 수 있도록, 자기가 틀린 것을 알 수 있도록 보여주라고. 그렇게 대단해 보이던 그 작가도, 그런 말을 내뱉어버리는 한낱 사람일 뿐이라고.
 내가 그렇게 할 수 있을까? 또다시 내 안에 도사리던 의심이 불쑥 튀어 올랐다. 선생님도 그걸 알고 계셨다. 당신께서도 자기 의심에 빠지는 순간들이 있었고, 그 순간을 견뎌오며 지금까지

왔다고 말했다. 어떻게든 다시 빠져나와서 계속 가던 길을 가는 것 말고는 방법이 없지 않겠느냐던 선생님의 격려에 힘을 얻어, 나는 무사히 자기 연민과 의심의 늪을 빠져나왔다.

그 사건 이후로 나는 다시 나에게 질문했다. 나는 왜 글을 쓰는가? 즉각적으로 나온 답은 '하고 싶은 이야기가 있어서'였다. 그 이유가 가장 처음 내가 연필을 들고 종이에 글을 쓰게 만들었다. 그리고 여전히 그 이유는 내 안에 존재하고 있다. 나는 살아있고, 하고 싶은 이야기가 있다. 그것을 글로 표현한다. 그뿐이다.
 그렇다면 나는 유명해지기 위해, 돈을 많이 벌기 위해 글을 쓰는가? 이 질문 앞에서 조금 서성이기는 했지만 금세 답이 나왔다. 아니, 그 이유로 글쓰기를 선택했다면 그건 내가 아니다. 유명해지기 위해서, 돈을 벌기 위해서라면 글쓰기보다 좀 더 나은, 더 효과적인 선택지는 얼마든지 있다. 물론 이런 이유로 글을 쓰고 목적을 달성하는 사람들도 분명 이 세상에 있겠지만, 나는 그런 사람이 아니라는 것을 누구보다 내가 가장 잘 알고 있다. 나는 유명해지기 위해 글을 쓰고 있는 것이 아니었다. 당연하고 뻔하지만 다시 한번 나에게 알려주었다. 너는 하고 싶은 이야기를 하려고 계속 글을 쓰고 있는 것이라고. 그리고 그 이유만으로도 충분히 계속 글 쓸 이유가 된다고. 그러니 유명하지 않아서 아무 말 하지 못했다는 것은 좋은 핑계가 되지 않는다고.

 사람들에게 널리 알려진 사람이 아니기에 여전히 나는 종종 누군가와 나의 처지를 쉽게 비교한다. 유명하기에 얻은 것처럼 보이는 기회들, 찬사들. 만약 내 것이었다면 얼마나 좋았을지 부질없는 상상을 하며 시간을 죽인다. 여전히 관성에 따라 비교하는 일은 쉽다. 다만, 그 물결에 휩쓸려갈 때 붙잡고 견딜 단단한 기둥 하나가 생겼다.

 나의 다짐, 왜 글을 쓰는지 스스로 물었던 질문에 대한 답. 이 길을 그럼에도 계속 나아가고자 하는 이유. 무명에서 유명으로 바뀌는 것은 처음부터 나의 목적이 아니었다. 어쩌면 나도 구교환 배우처럼 한 번도 무명이었던 적은 없는 거다. 나에겐 이름이 있고, 나에겐 나만의 글 쓰는 이유, 계속 이 길을 선택하고 나아가는 이유가 있으니까. 하지만 나를 알아봐 주는 누군가의 숫자가 점점 늘어 내가 유명인이 된다면, 그것을 마다할 이유도 아직은 나에게 없다.
 여전히 나는 그렇게 계속 비교하며, 다시 다짐하며, 미끄러지다가, 다시 붙잡고 견디며, 흔들리고 있다. 씨름하고 있다. 살아내고 있다.

<날 이해하지 못하던 당신에게>

 당신이 제게 물었지요. 대체 무얼 하려 그러느냐고. 이것저것 다 손대지 말고, 이제는 뭐 하나 집중해서 나아가야 할 때 아니냐고요. 왜 나이에 걸맞게 현실적으로 살지 않느냐고요. 언제까지 하고 싶은 것만 하고 살 거냐고요.
 저는 제가 설 수 있고, 우리가 함께할 수 있는 세계를 만들고 싶습니다. 나 아니면 너, 누구 하나만 생존할 수 있는 그런 무자비한 곳 말고, 너와 내가 같이 우리를 이루며 살 수 있는 곳이요. 가능성과 희망을 꿈꾸며 함께 빛을 향해 나아가는 일, 저는 그 일에 제 삶을 쓰기로 했습니다. 꽤 오랜 시간이 걸리겠지만, 상상만으로도 멋진 꿈이니 그만큼 가치 있다고 생각합니다.
 믿으실지 모르겠지만, 저는 한때 죽기를 바랐던 적이 있어요. 아니, 정확하게는 살고 싶지 않다, 그냥 지금 바로 공기 중으로 사라지면 좋겠다고 바라던 날들이 있었습니다. 구체적으로 죽음을 상상할 힘조차 없어서 눈 뜨면 일어나고, 배고프면 무언가를 입에 넣고, 생각이란 걸 하고 싶지 않아 무의미한 영상 시청을 반복하다 눈이 감기면 잠들었어요. 내가 사는 이유를 모르겠고, 아무것도 생에 의미가 없다고 여겼어요. 숨 쉬는 것도 사치스러운, 하루하루 견디기 힘든 시간이었습니다. 어떻게 그 시간을 빠져나왔을까 생각해 보면, 운이 좋았던 것 같아요. 도망치고 싶은 순간에 도망칠 수 있는 곳이 있었고, 저를 괴롭게 하던 환경 속에서 잠시 벗어나 한숨 돌릴 기회가 주어졌습니다. 새로운 사람들을 만나 새로운 관계를 쌓아가고, 새로운 공간, 새로운 나라에서 특별한 경험을 할 수 있었어요. 마치 천국에 온 것만 같았던, 꿈꾸는 것만 같은 날들이었습니다. 그리고 때가 되자, 저는 다시 저의 현실로 돌아와야만 했어요.

 그땐 인지하지 못했지만, 부담이 꽤 컸던 것 같아요. 다시 돌아가고 싶지 않았고, 어떻게든 이유를 찾았지만 결국 돌아와야 했습니다. 다행인 건 저도 그 시간을 보내며 조금씩 변했다는 것이고, 제가 살아야 하는 현실도 이전과는 조금 달라져 있었어요. 그렇게 다시 도망쳤던 곳으로 돌아가 제게 주어진 일상을 살아냈습니다. 이제 다 지난 일이고, 저는 훌륭하게 그 시간을 견뎌

내고 더 이상 문제없는 삶을 살게 될 거라고 생각했어요. 그건 착각이었지만요.

제가 도망쳤던 문제는 제가 외면하면 할수록 어두운 곳에서 몸집을 계속 키우고 있었습니다. 처음엔 이유를 몰라서 답답했고, 남들과 다른 제가 이상하다고만 생각했어요. 왜 나는 남들처럼 평범하게, 튀지 않게, 순순하게 살지 못하는 걸까. 왜 자꾸만 나는 마음 깊은 곳에서 이유 모를 감정이 불쑥불쑥 튀어 오를까. 왜 눈물이 왈칵 쏟아지고 얼굴과 가슴이 뜨거워질 만큼 쉽고 빠르게 분노가 차오르는지, 잘 모르겠다고만 생각했어요.

이유 모를 질문과 답답함을 안고, 저는 참 많은 이들을 찾아다녔던 것 같습니다. 아주 작은 실마리가 보이면 그것 하나 붙잡고 무모하다면 무모하게, 용기 있다면 용기 있게 사람들을 만나고, 제 이야기를 하고, 도움을 요청하곤 했어요. 항상 상냥하고 친절하게 도와주는 사람들만 있었던 것은 아니었지만요. 그래도 저의 서툰 표현 안에 있는 마음을 알아봐 주는 소중한 인연들을 참 많이 만날 수 있었어요. 그 사람들은 두서없이 쏟아져 나오는 저의 이야기를 조용하고 침착하게, 잠잠히 듣고, 저의 두 눈을 바라보아 주었습니다. 제가 가지고 있던 깊은 마음들을 알아봐 주고, 이해해 주었습니다. 그리고 격려해 주었죠. 지금까지 해온 것처럼, 앞으로도 잘해 나갈 수 있을 거라고요.

 전 의아했습니다. 그동안 저는 이것이 답이니 이렇게 해야 한다, 혹은 저렇게 하면 큰일 나니 그래서는 안된다는 말을 듣는 게 익숙했기 때문입니다. 나에게 이미 답이 있다는 듯이, 저도 아직 알지 못했던 저의 가능성을 믿어주는 사람들이 있었습니다.
 그들은 어떻게 그런 믿음을 저에게 줄 수 있었던 걸까요? 궁금해서 물어보니 돌아온 답은 단순했습니다. 자신도 그러한 믿음을 받아본 적 있었기에, 그러지 않을 수 없었다고요. 저도 그 믿음과 신뢰를 받는 사람이라는 걸 알게 되었고, 나에게 먼저 주었던 사람들을 쫓아, 저도 누군가에게 저의 믿음을 주고 싶습니다.
 도망쳤던 순간은 영원하지 않고, 언젠가는 반드시 다시 나의 문제를 마주해야 한다는 걸, 저는 저를 믿어주는 사람들을 통해 빠르게 배울 수 있었습니다. 내가 과연 해낼 수 있을까, 의심하고 피하고만 싶을 때, 나보다 더 나를 믿어주던 사람들의 말이 제게 힘이 되더라고요. 나의 말은 믿기 힘들어도, 나를 믿어주는 누군가의 말을 믿어보는 것을 시작으로, 조금씩 저의 마음에 힘이 생겨났고, 저는 저의 이야기를 스스로 써나갈 수 있게 되었습니다. 그때는 그것조차 잘 몰랐지만, 뒤돌아 다시 꼼꼼히 살펴보니, 분명 누군가가 늘 저를 믿어주었네요. 그리고 그 경험이 반복되고 쌓이면서 저는 조금씩 나 자신을 믿을 수 있게 되었습니다.

 너무 순진하고 현실감각 없는 생각 같나요? 그러나 저에겐 이것이 현실입니다. 제가 직접 경험했고 살아봤기에 저에게는 이런 방법 말고 다른 방법은 쉽게 떠오르지 않습니다. 물론 누군가를 믿어주는 일이 쉽다고는 생각하지 않습니다. 끝없이 제 안에 피어오르는 의심과 싸워야 할 테지요. 때론 제가 내밀었던 믿음에 배반당하는 날도 있을지 모릅니다.

 사실 이미 그랬던 적이 있어요. 믿었던 만큼, 깊게 팬 상처가 회복되는 데에는 시간도, 힘도, 눈물도 많이 필요했고요. 그러나 후회하지는 않아요. 조금 아플 수는 있어도, 저는 이렇게 사는 방식이 좋거든요. 이러한 삶이 지닌 힘과 영향을 알거든요. 무엇보다 전, 아름답게 살고 싶습니다.

 당신은 무엇이 아름답다고 생각하시나요. 뻔하고 고루한 질문처럼 여겨질 수도 있겠지만, 저는 사람이 없는 곳에 아름다움은 존재할 수 없다고 굳게 믿고 있습니다. 누군가가 소외되고 아파하는 것이 아름다울 수 없다고 말이에요. 그렇다면 아름다움은, 누군가의 눈물을 닦아내고, 혼자가 아니라고 느낄 수 있도록 잡아주고, 지금까지 해왔듯 앞으로도 잘 해낼 수 있다고 등을 톡톡 두드려주는 손바닥에 묻어있는 것 아닐까요?
 저는 제 삶 구석구석에 깊이 배 있는 그 향기들을 잊지 못합니다. 언제고 다시 떠올려보며 생각합니다. 누군가가 나를 믿어주었던 순간을. 내 안에 이미 있던 것들에 빛 비춰주며 함께 발견하던 순간을. 내가 흘리던 눈물에 함께 아파하고, 나의 기쁨에 순수하고 온전하게 함께해 주던 마음들을. 저는 이 아름다움을 고이 간직하며 살아가고 있습니다. 가끔 힘이 들고 지칠 때면 이 기억의 도움을 받고요. 그리고 앞으로도 계속 이런 순간들을 만들어 차곡차곡 쌓아가고자 합니다.

저는 이제 제 삶이 선물이란 것을 압니다. 이 삶은 고군분투하며 이겨내야 할 것이 아니라, 저를 믿어주고 아껴주는 이들과 함께 만들어가고 있다는 걸 경험했거든요. 눈물과 한숨이 많은 만큼, 인생엔 웃음과 환호도 존재합니다. 저는 그 모든 것을 혼자가 아닌 우리가 되어 끌어안는다면, 생각보다 더 견딜만하다는 것을 배웠습니다. 그리고 이건 제가 발명한 게 아니고요, 옛날 옛적부터 인류가 이미 경험해 온 방식이란 것도요.

 난 우주의 먼지 같은 작디작은 존재이지만, 매일 아침 눈을 뜨고 숨을 쉬며 생을 살아내는 신비를 담은 존재이기도 합니다. 그리고 그건, 당신도 마찬가지네요. 저는 우리가 기쁘게 함께할 날을 가끔 꿈꿉니다. 결코 쉽고 편한 일은 아니지만, 분명 의미 있고 가치 있다고 생각해요. 당신도 언젠가 제가 누리고 있는 아름다움을 맛보게 되길 바라고 있습니다. 왜냐하면 결국, 당신도 제가 꿈꾸는 '우리' 안에 포함되는 존재니까요. 아무리 우리가 다른 생각과 가치 기준을 가지고 살고 있다고 하더라도 말이에요.

 이제는 조금 이해되시나요? 제가 왜 이런 선택을 이어가며 살아가고 있는지 말이에요. 여전히 이해가 안 되셔도 괜찮습니다.

저도 때로 이런 자신을 잘 이해하지 못하기도 하니까요. 다만 저를 믿어주었던 마음들에 부응하기 위하여, 제가 어제보다 조금 더 나은 오늘을 살아내려고 애쓰고 있다는 것만 알아주신다면, 그것만으로도 충분합니다.

 우리가 언젠가 다시 마주할 날이 찾아올까요? 만약 그 기회가 저에게 찾아온다면, 이번에는 좀 더 용기 있게 제 이야기를 당신께 들려드리고 싶습니다. 그리고 우리 사이에 혹시 있었을지 모를 오해도 풀고 싶고요. 제 이야기가 그때는 조금 더 당신께 가까이 닿을 수 있기를 기대해 봅니다. 그때까지 몸과 마음 모두, 평안하고 건강하시길 바랍니다.

<내 이름으로 살기>

 삶에 정답이 있을까? 오랜만에 서울에 가서 B를 만나 짧고 굵은 대화를 나누고, 다시 집이 있는 광주로 돌아가는 길에 생각했다. 그날 처음 만났던 B는 예전에 광주에 살았다가 지금은 인천에 산다고 했다. 나는 인천에서 나고 자랐다가 최근 결혼하고 광주에서 산다. 그런 우리가 서울에서 만난 건, 한 편의 글 때문이었다.

 나는 B가 쓴 글을 먼저 읽고 난 후에 실제로 그를 만나게 됐다. 글에는 다 담기지 못했을 이야기를 나눌 특별한 기회였다. 글을 읽다가 궁금했던 점을 물어보기도 하고, 내 이야기도 했다. 학교를 자퇴한 경험이 있는 B는 학교 밖 청소년이 되었다. 학교가 아닌 기관의 도움을 받아 이후의 학업을 이어가기도 했지만, 한계가 있었다. 사회가 정해둔 길이 아닌 곳에 발을 디뎠을 때, 철저하게 소외되는 경험을 기록했다. 그리고 '우리에게도 이름은 있다'라고, B는 담담하고 묵직하게 말했다.

 B의 이야기를 들으며 나는 M이 생각났다. M은 고등학교 2학년

때 같은 반 친구였다. 자기가 좋아하는 교과목은 수업을 열심히 듣고 성적도 잘 받았지만, 그렇지 않은 과목 시간에는 책상에 엎드려 자거나 공책에 낙서하며 시간을 보냈다. 학기 중에 자리를 바꿔 우연히 M과 짝꿍이 됐고, 그의 공책에 나도 조금씩 지분을 얻었다. 내가 어쩌다 적어둔 국내 미개봉 유럽 영화를 M도 봤다는 사실을 알게 되면서 우리는 가까워졌다. M은 수업이 재미없을 때면 자신의 친한 친구들에게 편지를 쓰곤 했는데, 얼마 지나지 않아 나도 M의 편지를 받을 수 있게 됐다. 나도 늘 M의 편지에 답장했고, 주거니 받거니 하는 편지는 팍팍한 입시 생활의 몇 안 되는 소중한 기쁨이었다.

여름방학이 오기도 전에 M은 학교에 자퇴서를 냈다. 남들은 다들 어떤 대학에 원서를 쓸지 고민하고 내신 성적과 모의고사 성적을 비교하며 아등바등하고 있는데, M은 그 모든 것으로부터 홀연히 떠났다. 틀린 수학 문제를 다시 풀어보기보다 통기타 동아리 모임에 열중하고, 주말 자습 대신 동네 빵집 알바생에게 고백할 궁리를 하던 그 애. M이 학교를 떠나던 날. 나는 학교 정문까지 따라 나가 그 애를 배웅하다가 눈물을 흘렸다. 남들과는 다르게 살기로 결정한 그 애가 앞으로 괜찮을까 걱정하는 마음 때문이었을까? 슬펐을 수도 있고, 후련했을 수도 있고, 어쩌면 부러웠던 것일지도 모른다. 그토록 원하던 자유를 찾아 떠난 그 애가 멋져 보이기도 했지만 동시에 불안해 보이기도 했다.

 나는 오래도록 삶에 정해진 길이 있다고 믿으며 살았다. 아주 어릴 때부터 배웠던 바이올린을 그만둔 것은 중학교 3학년 때였다. 악기를 배워온 시간 동안 단 한 번도 의심한 적 없었던 나의 미래가 갑자기 사라졌다. 남들에게는 티 내지 않았지만 내 마음 어딘가에 큰 구멍이 뚫린 것 같았다. 아무렇지도 않은 척 평범하게 인문계 고등학교에 들어갔다. 무던하고 밋밋하게 무리에 스며들기를 기대했지만, 마음처럼 쉽진 않았.

 처음 경험했던 야간 자율 학습 시간에는 소설책을 읽거나 스도쿠 문제를 풀었다. 야자 감독 선생님에게 머리를 한 대 맞고 문제집과 교과서를 꺼내두어도, 쉽게 답은 나오지 않았다. 무엇을 위해 공부해야 하는지 여전히 모르겠는데, 옆자리에 앉은 친구들, 교실을 채운 대부분의 사람은 다들 그걸 알고 있는 것처럼 보였다. 남들과 다르게 살 용기가 없던 나는 빠르게 나만의 이유를 찾아냈다. 책 읽는 것을 좋아하니 책 많이 읽을 것 같은 국문과에 가자. 기왕이면 한국에서 가장 좋은 대학을 목표로 하자.

어찌나 단순하고 맹렬했던지, 마음먹은 지 얼마 지나지 않아 성적은 빠르게 올랐고, 같은 학년 담당 선생님들이 금방 내 존재를 알게 됐다. 나는 정말로 내가 원하던 대학에 갈 수 있을 줄 알았다. 하지만 그건 단지 자신을 제대로 모르는 사람의 근거 없는 맹신일 뿐이었다. 나는 딱 평소만큼의 수능 성적표를 받고 대학에 들어갔다.

대학 합격을 확인하고 입학 직전 늦겨울, 나는 M이 아르바이트한다던 샌드위치 가게에 갔다. 대학 입시를 이유로 가끔 편지를 우편으로 주고받는 것 말고는 우리는 자주 연락하지 않았다. 꽤 오랜만에 서로 얼굴을 보는 자리였다. 학교에 다닐 때나 그만두고 난 후에나 그는 여전히 같은 사람처럼 보였다.

사실 나는 그때 많이 들떠있었다. M이 어떤 시간을 보내고 있었고, 보내게 될지에 대한 것보다 앞으로 내가 경험하게 될 일들이 더 궁금했다. 대학 생활을 시작하자 나는 그 세계와 새로운 관계에 적응하고 배우느라 정신이 없었다. 서서히 M의 존재를 잊어갔다.

B와 대화하게 된 지금, 나는 뒤늦게 M의 삶을 생각해 봤다. 더 이상 학교라는 틀 안에 머물지 않는 사람. 구속에서 벗어나 자유

를 얻었지만 그만큼 홀로 감당할 책임과 문제가 무거워진 사람. 여전히 자신으로서 존재하지만, 바라보는 시선과 환경이 바뀌어 혼란을 겪기도, 외로움을 느끼기도 했을, 한 사람.

 영화 <프란시스 하>의 주인공 프란시스는 27세 여성으로 뉴욕에서 무용수로 살고자 한다. 함께 살던 룸메이트가 방을 빼고, 수습 단원으로 있던 무용단 크리스마스 공연에 캐스팅되지 않고, 잘나가는 것 같은 사람들과 저녁 식사를 한 뒤, 충동적으로 짧은 파리 여행을 다녀온다. 여행으로 생긴 빚을 갚기 위해 대학교에서 기숙사 조교로 지내다가, 다시 뉴욕으로 돌아온다. 무용단 정식 단원이 아닌 행정 직원 일을 시작하고, 무용수가 아닌 안무가로 작품을 만들어 무대에 올린다. 자기만의 공간을 얻어 우편함에 이름을 적어 넣는데, 자리가 모자라서 이름 전체가 아닌 '프란시스 하'까지만 칸에 들어간다.

 이 영화를 처음 봤을 때, 나는 답답하고 불편한 마음이 들어 마음속으로 잔뜩 프란시스를 탓했다. 왜 그렇게 자신을 모르는지, 왜 그렇게 후회할 선택을 하고, 왜 그렇게 남들과 자신을 비교하면서도 의존하기만 하는지. 그건 사실 프란시스를 향한 말이 아닌, 나를 향한 이야기였다.

당장 눈에 보이고 귀에 들리는, 남들이 다 가고 있으니 나도 그렇게 가야만 할 것 같은 방향을 따라, 열심히 최선을 다해 쫓아갔던 것뿐인데, 자꾸만 어딘가 엉성하고 서툴렀다. 실수와 실패가 반복되고, 원하지 않는 시행착오를 겪었다. 그 과정을 보내며 조금씩 조금씩 나를 발견했다. 나와 관계 맺은 주변을 알아갔다. 온전히 다 칸에 담진 못했더라도, 내 이름으로 사는 것의 의미를 배우기 시작했다.

 다시 영화를 볼 때는 이야기 끝자락에 등장하는 프란시스의 안무 작품이 무엇을 표현하고 있는지 알 수 있었다. 남들은 이 방향으로 나아가는데 홀로 저 방향으로 갈 때, 남들은 이 동작을 하는데 홀로 저 동작을 할 때. 그 무용수는 외로워 보이기도 하지만 결국 모든 무용수가 각자의 자리에서 제각각의 움직임을 선보인다. 사실은 모든 사람이 각각 자기만의 움직임이 있고, 인생이 있고, 실수와 실패, 그리고 성장도 있다는 사실처럼.

 이름은 재미나게도 나의 소유지만 타인에게 불릴 때 그 기능을 한다. 온전히 나를 부르는, 나에게 속한 것이지만, 타인 없이는 의미가 없는 이름이라는 것. 남들과 구별 짓는 나를 알리는 것이지만, 남과 함께 할 때 사용할 수 있는 이름의 특성은, 우리 삶의 특성과도 비슷하다. 남들과는 다른 나 자신의 고유함을 더 발견하고 알아가고자 하지만, 또한 타인과 함께하고 어딘가에 소속되고자 하는 욕망이 우리 모두에게 있다.

 B는 자신의 24번째 생일날 선물처럼 개명했다. 이유를 물어보니 그 이름이 싫은 것은 아니지만 이별해야 할 때가 왔다는 생각에 결정했다고. 이름에도 기억이 담겨서, 그동안 이 이름과 함께하며 쌓아온 기억이 마냥 쉽고 가볍지만은 않았다고 했다. 새 출발의 의미를 담은 새 이름을 갖게 된 B는, 자기 이름의 뜻이 어떤 의미인지, 어떻게 처음 떠올리게 됐는지 나에게 말해주었다. 자기 이름을 설명하는 B의 모습이 좋아 보였다. 그저 이름일 뿐일 수도 있지만, 그 이름 하나로 한 존재가 놀랍게 바뀔 수도 있다는걸, 그만큼 이름은 삶에 중요하고 밀착된 것임을 새삼스레 느꼈다.

 B와 대화하고, M과의 기억을 떠올리며, 프란시스와 닮은 나의 모습을 생각한다. 나와 비슷한, 나와 다른, 나를 이루는, 나다운 것. 누군가 나의 이름을 부를 때, 나는 그에게로 가서 무엇이 된다. 내가 누군가의 이름을 부를 때, 그도 나에게로 와서 무엇이

된다. 김춘수 시인이 말했던 것처럼, 우리는 모두, 무엇인가가 되고 싶다.

 살다 보니 마주해야만 했던 실수와 실패를 겪으며, 나는 삶에 정답이 없다는 것을 알게 되었다. 누군가에게는 답이었을 수도 있지만, 나에겐 전혀 도움이 되지 않을 수도 있는 일이, 또 그 반대의 일들이 세상에는 가득했다. 잘 몰랐던 나를 발견하고 알아갈수록 나와는 다른 타인의 삶에 대해서도 조금씩 알게 되고 이해하게 됐다. 새로운 나를 알아가는 일은 결국 너라는 존재를 알아가고, 우리로 살아가기를 배우게 했다.

 나답게 사는 일은 너 없이 나 홀로 이룰 수 없다는, 단순하고도 어려운 이 일이 나는 점점 재미있다. 신기하게도 참 많은 것을 배운다. 삶이 다채롭고 깊어짐을 느낀다. 조금씩 더 나 자신과 이 세상이 좋아진다. 그렇게 나는 내 이름으로 산다.

나의 이야기

■ <당신에게 보낼 수 있는 건 축의금 오만 원> 시 민 영

김 헌 우 <그려야 할 그림> ■

■ <검은자에 보이는 것 중의 오만 한> 김미정

<그리아 할 그림>

서 민 영

당신에게 보낼 수 있는 건 축의금 오 만 원

 일 년 동안 연락하지 않았던 사람에게 건넬 축의금으로는 얼마가 적당한 걸까? 아니, 축의금을 줘도 되는 걸까? 모바일 청첩장마저 받지 못한 결혼식에 보낼 축의금으로 고민하는 사람이 몇이나 될까 싶겠지만, 그런 사람이 바로 나였다.
 내가 청첩장을 받지 못한 이유는 명확했다. 우리는 팔 개월 남짓을 알고 지냈고, 이후의 일 년을 그 어떤 교류 없이 보냈기 때문이었다. 청첩장을 주고 싶어도 미안함에 주지 못할 사이였고, 혹여나 청첩장을 주고 싶은 사람 목록에 빠져있었더라도 서운할 수 없는 사이였던 것이다.

사실 우리 사이에 일 년 동안의 단절이 일어난 원인은 나에게 있었다. 상대방이 먼저 연락하기 부담스러울 상황임을 알았음에도 먼저 연락하지 않은 건 나였기 때문이다. 하지만 이렇게 인연을 끊어버리고 싶었던 건 아니었다. 언젠가 내가 잘 살아가게 되면 그 모습을 멋지게 보여주며 그 앞에 나타나고 싶었다.

 결혼의 주인공은 나와는 전 직장동료인 관계였다. 정확히는 내가 일 년 전 퇴사하게 된 그 회사에 아직도 다니고 있는 사람이었다. 팔 개월 남짓을 다닌 그 중소회사에서 참 많은 일이 있었고, 그 어떤 체계나 법에도 보호받지 못하던 우리가 기댈 수 있는 것은 서로일 뿐이었다. 그 덕에 짧은 시간이었지만 정을 쌓을 수 있었고, 내가 퇴사할 시점에 이미 결혼 준비 중이던 그녀에게 퇴사는 하지만 결혼식은 꼭 가겠다고 약속하며 회사를 빠져나왔던 기억이 아직도 자리 잡고 있다.
 그런 사람임에도 불구하고 연락하고자 하는 마음을 매번 좌절하게 했던 건 퇴사 이후 전혀 나아지지 않은 내 사정이었다. 그 회사에서 받은 트라우마로 인해 나는 새로운 직장을 찾지 못하고 있었고, 이런 꼴로 그 회사 사람들 앞에 나타나고 싶지 않았다. 행여나 내게 요즘 뭐 하고 지내냐 묻는다면 그 회사를 다닐 때보다 잘 나간다고, 더 행복해졌다고 말하고 싶었다.
 정말이다. 적어도 그 회사를 다닐 때보다는 나은 사회적 지위를 얻고 싶었다. 대단한 자리를 원한 건 아니지만 그럴듯한 명함 한 장을 내밀 수 있었으면 그걸로 되는 것이었다. 그 회사에서의 마지막을 생각하면 무조건 그러고 싶었다.

'내가 너 같은 새끼는 처음 봤어!'
 회의실에 울려 퍼지던 부장의 무례함이 기억날 때면 참을 수 없이 수치스러웠다. 회사가 작은 탓에 회의실에 울려 퍼진 폭언을 온 회사 사람들이 다 듣고 있었고, 한 시간 만에 회의실을 빠져나왔을 때는 날 위로하는 메신저들이 가득 차있었다. 그

마저 날 수치스럽게 만들었지만 메신저를 보낸 이들은 죄가 없었다. 날 여태껏 트라우마에서 벗어나지 못하게 하는 그 부장만이 죄가 있었지만 나는 엄한 사람들과의 인연을 끊어내고 있었던 것이다.

 생각해 보면 늘 그랬다. 좋아하는 사람에게 창피해지고 싶지 않았다. 조금이라도 부족한 모습을 보여주는 것이 병적으로 싫었다. 그래서 또다시 숨고 있었던 것이다. 모바일 청첩장이라도 달라는 사소한 부탁조차 하지 못한 채.

 난 여전히 트라우마에 시달리고 있고, 지금은 생산직 아르바이트를 전전하고 있다. 내 주관으로는 최악의 상태라 말할 수 있다. 그래서 결혼식에 참석할 수는 없었다. 다만 그녀가 자신의 인생에서 날 영영 지우지는 않았으면 했다.

사실은 나도 가끔 생각났다고, 축하할 일이 있으면 축하하고, 함께 슬퍼할 일이 있으면 슬퍼해 주고 싶었다고 말해주고 싶었다. 나는 축하할 일이 없노라고, 슬퍼할 일만 가득했노라고, 그래서 연락할 수 없었다고도 말해주고 싶었다.

하지만 모든 말을 삼켜야 했다. 모든 말이 아직은 뱉을 수 없는 말인 것 같았다. 그래서 조용히 축의금 오만 원을 카카오 페이로 보냈다. 짧은 축하 인사와 함께 말이다. 두근대는 마음을 애써 진정시키고 애써 시선을 티비로 돌렸다.

한참 있다 답장이 왔다. 고맙다고, 미안해서 청첩장을 주지 못했다고.

그 어디에도 요즘 어떻게 지내냐는 질문은 없었다.

| 권 | 현 | 우 |

그려야 할 그림

0.

'결혼 축하해. 결혼식에 간다고 했던 약속 잊진 않았는데, 내가 지금 가는 게 맞는 것인지 내 스스로가 판단이 잘 안 되네. 미안해. 그리고 다시 한 번, 결혼 축하해!'

 동기 경수에게 카톡으로 축하 메시지와 함께, 적은 금액이나마 축의금을 보냈다. 9년 전, 입사 동기로 함께 로펌에 들어온 게 엊그제 같은데 벌써 시간이 이렇게 흘렀다니. 나는 정확히 1년 전 퇴사했고, 퇴사 직전, 결혼을 준비하던 경수에게 '내가 퇴사를 해도 너 결혼식은 꼭 찾아갈게.'라고 호기롭게 말했는데, 이제 와서는 그 말이 객기처럼 느껴질 뿐이다.

로스쿨 시험에 연이어 낙방한 경험을 공유했던 우리는, 현실에 좀처럼 만족하지 못하면서도 일에서든 회사 사람들과의 관계에서든 최선을 다했던 우리 둘은, 서로에게 힘이 되어 주었다. 시간이 흐르자 경수는 볼멘소리 없이 착실한 로펌 사무원이 되어 간 반면 나는 마치 삶에 무언가 두고 온 것이 있는 사람처럼 이곳저곳 두리번거리곤 했었다.

대책이 전혀 없었던 건 아니었으나, 정작 실질적인 퇴사 준비는 하지 못 한 채 끙끙 앓다가 갑작스레 퇴사는 이뤄졌다. 경수의 결혼식은 꼭 가고 싶었지만, 퇴사할 당시보다 나아진 것 없는 지금의 내가 옛 직장 동료들과 웃으면서 다시 이야기를 나눌 상상을 하니 뼛속에서 느껴지는 어색함이 있어 끝내 결혼식은 가지 못했다. 경수에게 미안한 마음보다 1년 전의 나에게 더 미안했다. 이럴 줄 알았다면, 이럴 줄 알았으면서, 이럴 줄 몰랐던 것처럼 행동하지 말걸.

그래도 다시 생각해 보았다. 1년 전 그때의 선택은 최선이었고, 어쩔 수 없었던 선택이었다는 것을 나는 알고 있었다.

1.

"어쩌라는 거야."

또 수정 요청이 들어왔다. 이번이 벌써 세 번째다. 계약서상으로는 수정은 한 번만 가능했지만, 담당자는 계약서를 제대로 읽지 않았거나 아니면 일부러 무시하고 있는 것이 분명했다.

'죄송합니다만' 같은 말 따위도 없이 대뜸 수정 요청만 던지는 문자. 게다가 요청 내용도 무슨 말인지 모르겠다. '메인 캐릭터 느낌을 좀 더 밝은 느낌으로 해서 내일까지 다시 부탁드릴게요.' 좀 더 밝은 느낌은 도대체 어떤 느낌일까. 책상에 앉아 가만히 스마트폰을 내려다보며, 머릿속 어딘가에서 핏줄이 터지는 것 같은 감각을 느꼈다. 아, 이 짓거리도 쉬운 일이 아니구나. 로펌 사무원을 그만두고 프리랜서가 된 지 아직 1년이 채 되지 않았지만, 이 업계 역시 사람 피를 말리긴 매한가지였다. 그래도 어쩔 수 없다는 것은 누구보다 내가 잘 알고 있었다. 이것 말곤 없었다. 당장 나에게 돈이라는 세상의 열쇠를 쥐여줄 수 있는 것. 계약을 하고, 그림을 그리고, 수정하고, 납품하고, 입금을 받는 일. 이렇게 단순히만 굴러간다면 더할 나위 없었겠지만, 그 단계 사이사이에 애써 짜낸 창의력, 부당하게 들어오는 부가 요청들, 언제나 을이 되어버리는 순간들을 감내해야 했다. 나보다 그림을 잘 그리는 사람은 세상에 많아도 너무 많았다. 나는 감사하는 마음, 딱 이 마음만 가지면 되었다. 나는 살짝 떨리는 손으로 쥐고 있던 스마트폰을 다시 책상 위에 올려놓았다.

"해야지 뭐, 별수 있나..."

바로 수정 요청 사항을 반영하려고 아이패드에서 작업 파일을 열었다가 잠시 멈췄다. 지금 기분으로는 도저히 '밝은 느낌'을 낼 수 없을 것 같았다. 글도 그렇지만 그림은 더 작가의 기분을 탄다. 읽거나 감상할 때도 마찬가지지만, 쓰거나 그릴 때 어떤 마음을 가지느냐에 따라 글과 그림은 결과의 공기가 달라진다고 생각한다. 다시 파일을 닫았다. 그리고 이어 연 파일함은 '나'의 그림들이 모인 파일함이었다. 아무도 지키라고 한 적 없지만, SNS 구독자들에게 "일주일에 두 번 인스타툰을 올리겠다"고 공지한 이후 4개월 동안 꾸준히 지켜 온 나만의 약속들. 그 결과물이 차곡차곡 쌓여 있었다.

사람들은 내 만화에 꽤 많은 관심을 가져주었다. 뉴스나 신문에서만 보던 이야기들을 인스타툰 형식으로 볼 수 있는 것에 대한 관심이 첫째였고, "그림이 사실이라면 이 세상은 어딘가 잘못되어 있다는 것은 아닌지" 하는 의문이 둘째였다. 나에겐 다행히 이야깃거리가 많았다. 이야깃거리는 많았음에도, 내 형편은 그렇게 좋아지진 않았다. 취미로 그림을 그려 보기 위해 6년 전에 구매한 아이패드로 작업을 하다 보니 중간중간 끊김 현상이 발생하기도 해서 작업에 애를 먹기도 했다. 조만간 큰 건수 하나만 잡으면 바로 새 아이패드를 사야지 다짐하며 이번 주에 올릴 그림을 그리기 시작했다. '근로복지공단에서 노무사 상담을 받을 수 있다고?!'라는 제목의 그림. 평소엔 궁금해하지 않지만, 막상 자기 일이 되면 답을 찾지 못해 전전긍긍하는 사람들에게 전하는 메시지가 담긴 인스타툰이었다.

 그림을 그리기 위해 별도의 공부가 필요하지는 않았다. 이미 머릿속에 어떤 절차가 진행될 것이고, 어느 시점에서 좌절하게 될 것인가 같은 기본적이고 기분적인 요소들까지 나는 알고 있었다. 현실의 이야기이기에 괴로움이 없지 않았지만, 그럼에도 '그려야 한다'는 의무감이 내 마음속에 크게 자리 잡고 있었다.

2.

"사무장님, 저 이번 달까지만 일하고 그만두겠습니다."
"응? 갑자기 그게 무슨 말이야? 일 잘하고 있던 거 아니었어?"
"갑자기 몸이 좀 안 좋아져서요. 당분간은 좀 쉬어야겠습니다."

 잠시 이야기를 하자고 사무장을 탕비실로 불러내 커피를 한 잔 타 냈다. 냉장고의 웅웅 울리는 소리와 정수기에서 만들어진 얼음이 얼음통으로 떨어지는 소리가 쉴 새 없이 들렸다. 내 목소리는 조화롭고 평화로운 탕비실 소리 사이에 갑자기 끼어든 불협화음 같았다. 회사를 그만두겠다, 사유는 몸이 아파서다. 이미 속으로 수십 번 넘게 연습했던 말이었다. 하지만 막상 사무장에게 이 말을 뱉으려고 하니 내 몸 어딘가가 실제로 아파오는 듯한 느낌마저 들었다. 실제로 아픈 곳은 없었다. 그만둘 사유는 충분하고도 넘쳤지만, 나는 아프다는 핑계를 댔다. 혹시라도 정확히 어디가 아픈지 물어봤을 때를 대비해 내과에서 '원인 불명의 복통'이라는 진단명이 적힌 진단서를 받아 놓기도 했다.

"아니, 그래도 그렇지. 이렇게 갑자기 그만둔다고 그러면 좀 곤란한데? 지금이 며칠인지 알아? 21일이야. 이번 달 말까지라고 해봤자 며칠 남지도 않았다고."

어디가 얼마나 아픈지 묻지 않을지도 모른다 예상을 하긴했지만, 내 생각보다 사무장은 더 매정했다. 뒷주머니에 들어 있는 반이 접힌 진단서가 불편하게 느껴졌다.

"죄송합니다. 그래도 계속 앉아 있으면 몸에 통증이 계속 와서 힘드네요."
"아니, 나는 뭐 아픈 곳 없는 줄 알아? 나도 몸 여기저기 다 아

파. 그래도 나 계속 일하잖아. 이건 아프고 안 아프고의 문제가 아니라 책임감의 문제라고, 책임감. 동훈아, 아니 동훈 씨, 이렇게 책임감 없는 사람인 줄 몰랐네."

"죄송합니다. 퇴사 절차는 인사팀 혜미 씨 통해서 진행하도록 하겠습니다."

"아, 말이 안 통하네. 지금 얼마나 바쁜 시기인데, 그런 소리를 하는 거야. 지금 동훈 씨가 맡고 있는 서진건설 건 이제 막 시작해서 안 그래도 할 일이 얼마나 많은데. 안돼. 지금은 못 그만둬."

"사무장님... 퇴사 의사 있는 사람 퇴사 막으면 법적으로 문제되는 거 누구보다 잘 알고 계시지 않으세요?"

"아, 그건 그거고. 우리처럼 사람 대 사람으로 하는 이야기는 다르지."

사람 대 사람. 사측을 대리해 나온 노무사나 변호사들은 항상 회사가 아닌 자신들만 봐달라고 말을 했다. 우리도 다 똑같은 사람이에요. 노동자도 같은 이야기를 했다. 우리도 똑같은 사람이에요. 같은 말이지만 양측이 하고 싶은 속내는 달랐다. '이러지 맙시다'와 '이러지 마세요'의 싸움. 나는 노동자의 편이 아니라 사측을 대리하는 변호사 사무실의 사무원이었다. 변호사 사무실에는 사무장을 포함해 수많은 사무원들이 있었고, 이들이 실질적으로 변호사가 변론서나 의견서를 쓰는데 필요한 문서들을 작성했다.

 나는 산업재해를 입은 노동자들에게 어떻게 하면 최소한의 보상을 줄 수 있는지에 대한 판례와 관련 법 조항들을 찾아 변호사가 판단할 수 있는 근거를 작성하고 보고했다. 법대를 졸업했고 로스쿨에 들어가서 변호사가 되려고 했지만, 실패한 나에게는 내가 가진 지식을 활용해서 일 할 수 있는, 이보다 좋은 직장은 없었다.

"죄송합니다. 하실 말씀 없으시면 자리로 돌아가서 정리하겠습니다."

경수가 탕비실에서 나오는 나의 팔을 잡아끌고, 비어 있는 회의실로 들어갔다.

"왜? 무슨 일인데? 사무장님 표정 보니, 너 그만둔다고 말한 것 같은데? 아니면 저런 표정 짓는 사람 아닌 거 너보다 내가 더 잘 알아. 너 그만두는 거야?"
"사무장님 표정은 그렇게 잘 읽는 사람이, 내가 그만둘 거라는 생각을 갖고 있다는 건 왜 몰랐냐?"
"알고 있긴 했었지. 모른 척한 거지. 그냥 또 뭔가 마음에 안 드는 일이 생겼나 보다, 저러다 말겠지, 하고 있었지. 진짜 그만둘지는 몰랐지. 이제 우리 여기서 이제야 간신히 자리 잡았는데,

어디 가려고? 혹시 다른 데서 오라고 연락 왔어?"

"그런 거 아니야. 차라리 누가 나 좀 불러줬으면 좋겠다. 그런 거 아니고, 몸이 좀 안 좋아. 쉬어야 할 것 같긴 한데, 짧게 쉬어서는 회복이 안 될 것 같아서 그래. 장기 휴가 내기도 회사한테 미안하기도 하고 그래서."

"야, 나 1년 뒤에 결혼하는 거 알잖아. 너도 결혼 하고 아이도 낳고 하려면, 지금 대책 없이 그만두면 안 되는 것도 뻔히 알잖아."

"야, 나 퇴사해도 너 결혼식은 갈 테니까 걱정 마. 그리고 너무 비관적으로 생각하지 마. 또 모르잖아. 내가 지금 그만두고 새로운 일 시작하는 게, 내 삶에서 큰 전환점이 될지."

"전환점이 아니라 낭떠러지 끝으로 올라가는 느낌인데. 어떻게 하면 네 마음 되돌릴 수 있는 거니? 말을 좀 해 봐."

"없어. 이미 난 정했어. 아무런 방법도 없어. 그냥 내가 마음 편하게, 회사 깔끔히 마무리할 수 있게, 그리고 새로운 삶 살 수 있게 응원이나 좀 해 줘."

 갑작스러웠나, 남들 보기엔. 아니었는데. 그 누구에게도 말하지 못한 채 끙끙 앓은 시간이 에스프레소처럼 진하게 입가를 스쳐 지나갔다. 3년 전부터 일하면서 가슴속에 무언가가 턱턱 막히는 구석이 있었다.

 어머니였다.

3.

 일거리가 단 하나도 없었다. 당연한 일이었다. 프리랜서가 되겠다고 막 시장에 나온 사람에게 일거리를 바로 줄 만큼 멍청한 클라이언트는 세상에 존재하지 않았다. 심지어 포트폴리오도 없는 프리랜서에게 일거리라니.

 다행히 6개월은 일거리가 없이도 최소한으로 먹고사는 데 지장은 없었다. 퇴사하겠다고 말을 했음에도 내가 일하던 변호사 사무실에서는 나를 권고사직으로 처리해 주었다. 자발적 퇴사가 아닌 권고사직으로 처리가 되면서 내가 실업급여를 받을 수 있었다.

 회사에서 나에게 호의를 베풀어 준 것도 아니었다. 업계의 소문은 빠르다. 어느 변호사 사무실에서 사무원이 이유 없이 그만두었다는 건, 그 변호사 사무실이 좋은 변호사 사무실이 아님을 방증하는 것이었다. 퇴사를 허락할 바에야 권고사직으로 변호사 사무실에서 내보내는 것이 대외적으로도 불필요한 많은 이야기를 막을 수 있는 방법이기도 했다. 이런 행태들이 법을 어기는 것임을 알고 있었지만, 당장 나의 생계가 걸린 일이었기 때문에 감사해하며 6개월의 실업급여를 받았다. 6개월의 기간 동안 나는 간신히 포트폴리오를 완성할 수 있었다. 취미로만 여겨오던 그림을, 나의 생계 수단으로 삼으며 나는 스스로를 '일러스트레이터'라고 이름 붙였다.

첫 일거리가 들어왔을 때, 나는 나에게 일거리를 준 곳에 되묻고 싶었다. 왜 저에게 일을 주시나이까. 내가 묻기도 전에, 클라이언트 쪽에서 먼저 대답을 들려주었다. 자신들이 만들고 있는 리플릿에 내 그림체가 어울린다고 판단했다고. 포트폴리오 작업과 동시에 그동안 그렸던 내 그림들을 SNS에 계속 올리고 있었는데, SNS를 통해 내 그림체는 충분히 알 수 있었다고도 했다.

신기했다. 이렇게 일거리가 들어오기도 하는구나. 작업비로 얼마를 부르던 가격은 중요하지 않았다... 고 생각 했는데 너무 낮게 제시된 금액에 나는 맥이 풀렸다. 그림 10장에 20만 원. 한 장당 2만 원. 예산의 한계 때문에 그 이상의 금액을 내가 요구하면 다른 작가를 찾아볼 수밖에 없다고 했다.

나는 생와사비를 씹는 느낌으로 알겠다고 대답한 뒤, 납기일에 맞춰 그림을 보냈고 첫 매출 20만 원을 손에 넣을 수 있었다. 시급으로 따지면 1시간에 4천 원 정도였다. 처음이었기도 했고, 이번의 거래를 시작으로 계속 거래를 할 수 있을지 모른다는 생각에 그림 한 장에 5시간을 투자해 열심히 그렸던 탓에 최저시급도 못 받게 되었다.

 어쨌든 시작은 있었다. 가격이 얼마라도 좋으니 계속 그림을 그려달라는 요청이 있으면 좋겠다고 생각하며 모니터를 멍하니 보고 있던 찰나 어머니로부터 전화가 왔다.

"여보세요?"
"아들, 어디니? 집이니?"
"예. 집이에요. 어머니는 어디세요?"
"나도 집이지 뭐. 일거리 하나 받은 건 잘 끝냈어?"
"예. 아주 잘 해서 잘 끝냈어요. 걱정 마세요."
"잘했네. 잘했어. 이제 일 계속 들어올 테니 걱정 말아."
"왜 전화하셨어요?"
"얘도 참! 엄마가 아들한테 무슨 이유가 있어야 전화하니? 그냥 생각나서 전화했어."

"뭐 필요한 거 있으신 거 아녜요?"
"그런 거 아니라니까... 근데 네가 말하고 보니 집에 물이 떨어졌는데 혹시 생수 좀 시켜줄 수 있어? 내가 들고 오긴 좀 그래서..."
"예. 알겠어요. 제가 시킬게요. 빠르면 내일, 늦어도 모레에는 문 앞에 도착해 있을 거에요."
"그래? 고마워, 우리 아들!"
"다음부턴 그냥 필요한 거 있으시면 바로 이야기하세요. 미안해하시지 마시고."
"내가 어떻게 그러니? 내가 너한테 해준 것도 없는데."
"그런 말씀 마시고요."

 노인이라고 부르기에 아직 젊은 편에 속함에도 불구하고 인터넷 쇼핑은 여전히 불편한 게 많은 어머니였다. 지방에 살고 계신 어머니의 전화는 언제나 끊고 나면 묘하게 힘이 빠졌다. 별다른 이야기를 하지 않은 날에도 어머니의 목소리에는 사람을 아래로 끌어당기는 힘이 있는 듯했다. 거부하고 싶지만 필연적으로 연결되어 있는 인력.

 나와 어머니 사이의 인력만이 작동하면 좋았으련만, 어머니의 다리에는 3년 전 지구의 중력이 작용했다. 지역의 작은 배터리 공장에서 생산직으로 일하시던 어머니 옆으로 배터리를 가득 실은 지게차가 지나가다가, 아래에 있던 전선을 보지 못하고 걸려 넘어져 어머니를 덮쳤다. 어머니는 떨어지는 배터리들을 잽싸게 피한다고 했지만, 미처 오른쪽 다리까지는 피하시지 못했고, 오른쪽 다리의 정강이뼈와 발목, 발의 뼈가 가루가 되었다고 표현해도 될 만큼 심한 골절을 입었다. 바로 병원에 옮겨져 응급조치가 이뤄졌다면 다행이었겠지만, 어머니는 3시간 동안 공장의 3평도 채 되지 않는 휴게실에서 발을 움켜쥐고 작업반장의 병원에 가도 좋다는 허락을 기다렸다고 했다. 허락은 끝내 떨어지지 않았다. 퇴근 시간이 되었고, 동료들의 도움으로 간신히 택시를 타고 인근 병원 응급실에 갈 수 있었다.

 어머니의 오른쪽 무릎 아래에는 평생을 함께 해야 할 장애가 생겼다.

4.

어머니는 나의 퇴사 소식에 놀라셨다. '멀쩡히 잘 다니던 회사를 갑자기 그만두고 그림을 그리겠다는 게 무슨 말이니.' 로스쿨 입시에 더 이상 도전하지 않겠다고 말씀드렸을 때보다 더 충격을 받으신 듯했다. 이제 적은 나이가 아니잖니. 계속 일을 해야 결혼도 하고 언젠가 집도 사고 할 것 아니니. 어머니의 설득은 꽤 오랜 시간 공들여 이어졌지만, 이미 퇴사를 하고 난 뒤였기에 변하는 것은 없었다. 어머니는 마지막으로 내게 물었다.

"왜 회사를 그만둔 거니?"

힘들었어요. 3년 전에 어머니께서 산업재해를 당하신 뒤, 어머니에게 조금이라도 더 많은 보상과 제대로 된 치료를 받게 해드리기 위해 열심히 알아봤었어요. 그런데, 제가 아무리 객관적으로 어머니에게 도움이 되는 자료들을 찾았다 할지라도, 사측이 선임한 변호사를 이길 수는 없었어요. 사측 변호사들은 어머니의 부주의다, 피할 수 있었다, 다른 작업자들은 다 피하지 않았냐, 사실관계를 확인할 수 있는 CCTV 자료가 존재하지 않는다... 등등 다양한 이유와 근거를 내밀었고, 변호사가 제시한 자료를 받아들이는 노동청의 태도부터 이미 어머니에게 불리했어요. 하루에도 수십 건의 산업재해가 일어나고, 사망사건도 하루에도 몇 건씩 일어나는데 제대로 처벌받는 회사는 거의 없었어요. 언론에서도 대기업이 아닌 중소기업들에서 일어나는 산업재해는 뉴스거리 조차 되지 않았어요.

어머니, 지난 3년 동안 괴로웠어요. 이전에는 보이지 않던 사람들이 보이기 시작했어요. 처음 5년 동안, 변호사님들을 도와가며 이루지 못한 꿈을 이렇게 실현하는구나 하는 뿌듯함도 있었지만, 어머니의 사건 이후 저는 제가 어디에서 무엇을 하고 있는지, 누구를 위해서 일을 하고 있는지, 생각하지 않은 적이 없어요. 하루에도 수십 번씩 어머니의 얼굴을 한 사건들이 접수되었어요. 팔이 절단된 산업재해, 약품이 갑자기 폭발해 안구가 녹아내린 산업재해부터 시작해서, 아파트 철거 공사장에서 포클레인이 뒤집혀 일어난 사망사건까지. 다양한 사건들이 우리 변호사 사무실에 의뢰가 왔지만 단 한 건도 피해자 측에서 의뢰를 한 건 없었어요. 피해자들이 찾아간 곳은 우리 같은 변호사 사무실이 아니라 근로복지공단에 소속된 변호사나 노동자 지원센터에서 무료로 변론을 해주는 노무사들이라는 것을 알고 있었어요. 그들의 실력을 의심하진 않지만, 우리 사무실 같이 전문적인 변호사나, 이미 노동청과 커넥션이 있는 변호사들을 이길 수는 없는 노릇이에요. 저는 3년 동안 어머니의 손목을 자르며, 안구를 녹이며 살았어요. 살아도 살아가는 것에 대한 감각이 없는 시간이었어요. 3년도 어떻게 견뎠는지 모르겠어요. 뇌가 없는 사람처럼 살았던 것 같아요. 이제는 안 할래요. 피할래요, 피할 수 있을 만큼.

"그냥 좀 쉬고 싶었어요."

하고 싶은 말을 하지 못하는 걸 보니, 나도 조금은 어른이 된 것도 같았다.

5.

 기다려도 일거리가 들어오지 않는 날이 이어졌다. 20만 원의 첫 매출이 있고 난 뒤 한 달 반이 지났다. 첫 일거리가 있었으니 계속 일거리가 들어올 것이라고 생각한 내가, 잘못된 생각을 하고 있었다는 것을 알게 되었다.

 이런 상황이 지속되면 다른 프리랜서들은 어떻게 자신의 생계를 유지하고 있는지 궁금했다. '프리랜서 수익 없을 경우'라고 인터넷 포털에 검색했다. 물류공장 알바, 택배 알바, 배달 알바... 주로 택배와 배송과 관련된 알바를 하며 시간을 보낸다는 답변들이 달린 글들을 보았다. 시간에 구애받지 않는 알바를 해야 하기 때문인 이유가 가장 큰 것이라 생각했다. 몸을 쓰긴 싫었다. 회사를 다니면서 운동을 제대로 하지 않아 체력이 많이 떨어지기도 했고, 애초부터 체구 자체가 크지 않아 무거운 것을 나르는 것은 체질에 맞지 않았다. 내게 맞는 답은 없을까 한참을 찾다가 한 문구가 눈에 들어왔다.

'개인 작업을 합니다.'

 개인 작업? 일거리가 들어와서 일을 하는 것이 아니라 자신만의 작업을 계속한다는 이야기인가? 당장 돈을 벌 수 있는 것도 아니고, 전시를 열 계획이 있는 것도 아닌 사람이 개인 작업을 하는 게 맞나? 그리고 난 순수예술 작가도 아닌데, 개인 작업을 하는 것이 맞나, 하는 의문들이 연이어 들었다. 나는 스스로를 고작해야 그림팔이 정도로만 생각하고 있었다. 그리고 포트폴리오에서든 SNS에서든 내가 내세우거나 올리는 것들은 '이런 작업도 할 수 있어요' 정도인 중구난방의 그림들이 대부분이었다. 이런 내가 개인 작업을 할 수 있을까 싶다가도, 어차피 할 일도 없는데 한 번 해볼까 하는 자신감이, 마른 장작에 버섯 피어나듯 생겼다. 내가 할 수 있는 개인 작업은 그림을 잘 그리는 것보다는 스토리를 담아내는 그림을 그릴 수 있겠다 싶은 생각도 들었다. 그림을 전공하지도 않았고, 취미로만 하던 그림이라 그림 퀄리티로 나만의 개성을 찾는 것은 애초에 무리라는 것을 프리랜서가 되자마자 알 수 있었다. 나만이 할 수 있는 이야기를 인스타툰으로 그려야겠다, 하는 어느 정도의 방향성이 형성되자 나는 새로운 고민을 시작했다.

내가 그림으로 그릴 수 있는 이야기들이 있을까, 하는 고민.

6.

 고민은 길게 이어지지 않았다. 8년간 내가 보고 듣고 작성한 이야기가 나에겐 있었다. 8년간 변호사 사무실에서 일하며 보고 들은 산업재해 피해자들의 이야기. 그 이야기를 그대로 쓸 순 없었다. 보안서약을 한 이유도 있었지만, 산업재해에 대해서 잘 모르는 사람들이 처음 접했을 때, 사실이 아닌 이야기라고 오해할 만할 이야기들이 많았다. 사람들이 공감할 수 있는 이야기부터 시작해서 쉽게 겪지 못하는 이야기까지 그려 나가는 것을 내 개인 작업이라 생각하고, SNS에 공지를 올렸다.

주 2회, 화·목요일 업로드 (휴재할 경우 따로 공지드릴게요 ^^)

굳이 공지를 올리지 않아도 되었지만 약속을 지켜나가는 것으로 나의 루틴을 잡고, 꾸준하게 작업을 이어나갈 동력을 얻고 싶었다. 다른 작업 의뢰가 들어오면 작업을 꾸준히 하면서도 지켜나갈 수 있을 것이라는 자신감이 있기도 했다. 왜냐하면 이야기는 충분히 쌓였기 때문이었다. 이것을 법적인 문제가 없이 그림으로 어떻게 구현해 내느냐는 또 다른 문제이긴 했지만 말이다.

인스타툰을 그리기 시작한 직후에는 독자들로부터 특별한 반응이 없었다. 애써 그림체를 귀엽게 그린다고 하더라도, 내용이 평소 접하기 어려운 내용이기도 했고 또 그림 속에 있는 이야기가 실제 이야기라는 것이 사람들의 마음에 걸렸으리라 싶었다. 하지만 나는 중간에 포기하고 싶지 않았다. 나만의 '개인작업'은, 단지 나만을 위한 것이어서는 안 되었다. 누군가가, 누구나가 겪을 수 있는 일이었기에 그림을 그리는 동안에는, 말 한마디, 법조문 한 줄, 표정 하나하나 신경썼다. 사실에 기반 한 허구적 상황이라고 해도 그 누군가로부터도 책 잡힐 실마리를 만들어주고 싶지 않았다.

그래서 그런지 생각보다 나의 작업에 쏟는 시간이 길어졌다. 일주일에 두 편을 올리기로 했으니 매주 화요일 마감이 끝나기도 전에 목요일 작업의 개요를 작성해 놓아야만 했다. 그렇지 않으면 내가 정한 연재일을 맞출 수 없었다. 다행히 나에게는 정말 많은 두 가지가 있었다. 하나는 시간이었고, 또 하나는 산업재해를 당한 사람들의 이야기였다. 시간은 많아 기뻤고, 사람들의 이야기는 많아 속상해하면서 그림을 그려 나갔다.

 사람들의 반응이 있기 시작한 건, '개인작업'을 시작한 지 3개월이 지나던 시점이었다. 에피소드는 20개 정도가 쌓여 있을 때였다. 밝고 경쾌하고 귀여운 그림들이나 자신들의 내면 이야기를 주로 하는 사람들이 모인 인스타툰의 세계에서, 산업재해에 대한 그림을 꾸준히, 그리고 정보성 있게 그려내는 나의 계정은 어느샌가 입소문을 탄 듯했다. 자고 일어나면 팔로워 수가 크게 증가해 있었고, 댓글도 꽤 많이 달리기 시작했다. '그림 속 이야기 실화인가요?'부터 시작해 '작가님, 덕분에 많이 배워 갑니다. 배운 것을 쓸 일이 없었으면 좋겠지만요.^^' 하는 댓글까지 다양한 댓글들이 달렸다. 댓글 하나하나 답장을 쓰고 싶었지만, 무슨 말을 해야 할지 몰랐다. 그저 사람들이 관심을 가져준다는 것이 신기했다. 나만의 이야기가, 모두의 이야기로 변모할 수 있겠구나, 하는 가능성 정도는 확인할 수 있는 순간이었다. 이것을 동력 삼아 나는 내 '개인작업'을 꾸준히 해야 할 필요성을 느꼈다. 다만 외주 작업 의뢰는 여전히 들어오지 않고 있었다.

 실업급여는 예전에 끝났고, 아껴 썼던 퇴직금도 이제 바닥을 보이기 시작했다. 더 이상 빨 손가락도 없어 발가락이라도 빨아야 할까 고민하던 시점이었다. 정답은 없었다. 지금 이 작업을 계속하는 것이 옳은지, 아니면 모든 것을 그만두고 다시 취업전선으로 뛰어들어야 하는지 하는 고민이 이어졌다. 퇴사를 후회하진 않았지만, 경제적인 상황이 나아지지 않는 것은 차마 어쩔 수 없는 부분이었다. 이미 알고 있던 사실, '서울에서는 숨만 쉬고 잠만 자도 돈이 든다'라는 사실이 뼈저리게 느껴졌다. 그래도 기다렸다. 아직 프리랜서 일러스트레이터가 된 지 1년이라는 시간밖에 지나지 않았기 때문이었다.

 하고 싶은 일을 하며, 내 이야기를 그림으로 남기며 살아보자,

하는 의지를 다지고 가진 후 1년이라는 시간은 아직 너무 짧은 시간이었다. 기다렸다. 기다리면서 그림을 꾸준히 그려 나갔다. 대박을 기다린 것이 아니라, 내 이야기를 통해 삶의 구렁텅이에서 벗어날 수 있었다는 사람을 만나는 그 순간을 기다렸다.

7.

 그렇게 5개월 동안 10컷짜리 '산업재해 얼마나 앎?' 시리즈를 연재하고 있을 때, 한 출판사로부터 연락을 받았다. 내가 그리고 있는 시리즈를 책으로 만들어 보고 싶다는 연락이었다. 예상하지 못한 연락에, 처음에는 스팸인 줄 알았지만 메일로 받은 출간 기획서와 담당 편집자와의 통화를 통해 거짓이 아님을 확인할 수 있었다. 담당 편집자는 이렇게 이야기했다. '가벼운 그림과 그렇지 못한 내용이 주는 갭이 독자의 관심을 끌어당길 수 있다'고. 그리고 산업재해와 관련한 이슈들이 많이 발생하고 있는데, 내 시리즈만큼 그것을 쉽게 알려주고 대응 방법까지 알려주는 그림은 흔치 않다고도 했다.

 만나서 이야기를 나누고 싶다는 담당 편집자의 말에, 종로 3가 지하철역 인근의 3층 건물 전체를 카페로 쓰는 곳에서 만났다.

무더운 날이었고, 애써 웃으려 해도 햇빛 때문에 찡그리게 되는 날이었다.

"생각해 보셨어요?"

"제게 있어서 나쁜 제안은 아니란 걸 압니다. 근데 제가 좀 우려가 되는 부분이 하나 있어요."

"뭘까요? 편하게 말씀해 주세요."

"보통 이런 만화들은 변호사나 노무사가 직접 그려야 더 좋은 것 아닌가요?"

"아, 무슨 말씀이신지 알겠네요. 직업 만화 같은 경우에는 직접 그리는 분도 계시고 아니면 스토리만 쓰고 그림은 다른 그림작가가 그리는 경우도 있고 그래요. 하지만 작가님 같은 경우 변호사는 아니시지만, 변호사 사무원으로 일하신 경험도 있으시니 크게 문제가 될 것 같지 않습니다. 혹시 마케팅 포인트에 좋지 않은 영향을 미칠까 걱정되시는 건가요?"

"아무래도 그런 생각을 떨칠 수가 없네요. 책이 되어 나오면 좀 더 많은 사람들에게 저의 이야기가 닿았으면 하는데, 그렇지 못

할까 봐 걱정이 되네요. 저만의 만족으로 끝날까 봐 하는 우려도 있고요."

"그런 걱정까지 해주신다니, 감사할 따름입니다. 저는 작가가 누구든 좋은 내용의 책은 사람들이 알아볼 거라고 생각해요. 저희가 작가님의 그림을 통해 느낄 수 있었던 건 진심이었어요. 변호사라서, 노무사라서, 가 아니라 작가님만이 할 수 있는 이야기가 그림에 잘 표현되어 있고 그것이 우리 사회에 꼭 필요한 이야기라고 판단했기 때문에 저희는 제안을 드리는 겁니다."

"그렇군요. 그렇다면 조건이 하나가 있습니다. 저희 어머니의 이야기가 모티브가 된 그림을 제일 처음에 싣고 싶습니다."

솔직해질 필요가 있었다. 내가 개인 작업으로 내 시리즈를 기획할 때, 가장 먼저 떠올린 사람은 어머니였다. 어머니와 같은 피해를 겪는 사람이 더 발생하지 않았으면 하는 바람이 담겼다. 내 그림은 어머니를 위한 그림이자 어머니에게 보내는 편지였다. 그 편지의 수신인인 어머니는 비록 영구적인 장애를 얻게 되셨지만, 또 다른 어딘가에서 어머니처럼 위험을 감수하며 일을 하고 있을 수많은 어머니, 아버지에게 이야기를 전해드리고 싶었다.

담당 편집자는 나의 조건에 아무런 토를 달지 않았다. 그림의 순서에 대해서는 작가님과 꼭 논의를 할 예정이었다고 하면서, 원하는 순서가 있으면 정리해서 보내달라고 했다. 출판사 쪽에서 다시 한번 검토를 해보고 방향성에 크게 벗어나는 것이 없으면 그대로 진행하는 것도 나쁘지 않을 것이라도 했다.

뭔가 맥이 풀리는 느낌이었다. 내가 요구하는 것들을 다 받아주는 출판사 편집자의 말을 믿어도 좋을지 알 수 없었다. 나에게는 이것이 마지막 기회일지도 모른다는 우려도 들었다. 하지만 내가 걱정을 한들 변하는 것은 없을 것이고, 나는 내가 하던 일을 꾸준히 할 수 있으면 된다는 포기 아닌 포기 같은 심정이 들기도 했다.

편집자와 헤어진 뒤, 다시 카페 밖으로 나왔다. 햇살은 여전히 뜨거웠지만 해가 지기 시작하는 듯 그림자는 길어져 있었다. 숟가락처럼 생긴 나무 그림자에 내 몸을 피했다. 찡그리지 않아도 괜찮았다. 그림자 밖으로 곧 나가게 되면 다시 찡그리게 될지도 모르지만, 지금은, 적어도 지금만큼은 평소의 나와 같은 모습으로 있어도 되었다. 나는 살짝 눈을 감았다가 뜨며 그림자 밖으로 나갔다.

9.

 집으로 돌아와 책상 앞 의자에 앉았다. 어제의 책상과 오늘의 책상은 같은 책상이었지만, 책상이 살짝 좁아진 듯도 보였다. 앞아서 밥도 먹고 차도 마시고 때로는 엎드려 잠을 청하기도 하는 책상. 그 책상 위에는 자료를 찾기 위한 노트북 한 대와 아이패드가 놓일 공간이 남아 있었다. 아이패드를 다시 가방에서 꺼내면서 생각했다. 아직 아무런 것도 확실한 것은 없지만, 새로운 가능성을 확인해 볼 수 있었다는 것 자체가 내겐 의미가 있다. 내가 할 수 있는 것은 고작 벗어나고 회피하고 감정을 토로하는 것뿐이었다. 이제는 아니게 될까. 걱정도 기대도 아닌 감정이 해묵은 먼지가 나비의 날갯짓에 일으켜지듯 피어올랐다.

10.

띠링.

외주 작업 클라이언트의 수정 요청 문자였다. 무표정한 얼굴로, 일거리가 있다는 것은 즐거운 일이야, 하며 나는 아이패드를 책상 위의 비어 있던 공간에 올렸다. 디스플레이를 톡톡 건드려서 화면을 여니, 미팅하며 담당 편집자에게 보여줬던 어머니의 이야기가 담긴 시리즈가 켜져 있었다.

나만이 나의 어머니인 줄 알고 있는 어머니의 에피소드. 뉴스에도 나지 않고, 차마 이것이 지금 시대 우리나라에서 일어나고 있는 일이라고는 상상하기 힘든 에피소드. 그렇지만 현실 속 사람의 이야기.

그 사람은 다양한 감정을 갖고, 울고 웃으며, 아들에게 미안해하는 마음을 가진 사람. 나에게 누구보다 중요한 사람. 그 사람의 이야기가 이제 또 다른 사람들이 읽고 가슴 아파하고, 스스로를 보살피는 이야기가 될 것이었다.
 아이패드 속 장년의 여성은 활짝 웃고 있었다.

 사고가 나고 난 이후 시점의 그림이었다.

나의 이야기

■ <유효기간: 계약일로부터 2년> 박 이 수

은 진 송 <MIRAE> ■

Ⅱ <유효기간: 제8일로부터 2년> 명의인

Ⅰ <MIRAE>

박 이 수

유효기간: 계약일로부터 2년

 내가 가시를 세우고 있는 이유는 제대로 서 있고 싶기 때문이다. 가시를 접으면 주변에서 가시 길이만큼의 여유도 허락하지 않겠다는 듯 나를 떠민다. 지하철에서 매일 2시간씩 보내다 보니 생긴 버릇이다. 내가 빨빨거리는 이유는 집이 좁기 때문이다. 쓰레기를 둘 곳이 없어서 매일 쓰레기를 배출하고 냄새가 퍼질 곳이 없어서 끼니마다 쿡탑의 사방을 닦는다. 이곳에선 방치가 불가능하다. 방 안의 모든 것이 눈에 걸리고 발에 챈다. 그러니 삼키거나 버린다. 쌓아두기란 만져지지 않는 것에 해당한다. 냄새, 습기, 먼지.

한 구짜리 전기쿡탑은 독립하면서 갖고 나온 프라이팬 하나도 버거워한다. 라면 냄비나 달걀말이용 프라이팬에 딱 맞다. 마치 이 이상의 식사는 사치라는 듯. 볶음 요리를 할 때면 부엌 타일과 바닥 그리고 쿡탑 아래 세탁기로도 고추장과 다진 마늘이 튄다. 세탁기 세제 통을 열어둬야 한다던데 그랬다간 그 옷에서 마늘 냄새가 날 것이다. 하루는 나의 자취방에 들른 친구가 고기를 줄여보는 것을 제안했다. 방 벽지에 내가 지금까지 먹은 고기 냄새들이 쌓여가고 있었다. 누적된 누린내가 친구의 코를 자극한 것이다. 나는 그게 건강에 좋겠지?라고 답했다.

 내 마음에도 집 안에도 쌓아놓지 않는다. 끝날 때쯤 정리하기 좋게 잔여물을 만들지 않는다. 나중에 가서 귀찮아지니까, 들여다볼 것들이 있으면 슬퍼지니까. 솔직하게 저 밑바닥에서는 알고 있다. 한 번에 받을지도 모르는 상처를 매일매일 나눠서 스스로 내고 있다는 것을. 그리고 줘버리지 못한 마음에 매일매일 그만큼 나의 기쁨은 최대가 아니란 것을. 사실은 고기 냄새와 섬유 유연제 냄새가 함께 나는 이 집이 아닌 내가 가장 좁을지도 모르겠다.

겁쟁이다. 미련 없는 냥 대하지만 유효기간이 없으면 좋겠다. 나의 진심에도 누군가의 진심에도. 불가능하다고 짐작한 울타리가 나를 좁게 만든다. 나를 가둔다. 동시에 안심한다. 이 안에서는 가시를 접어도 지금의 공간 그대로 내 것이다. 서 있어도 누워있어도 온몸을 웅크렸다 사방으로 쫙 펴도 되는 공간. 가시를 세웠다 접어도 되는 여기. 내 마음대로 할 수 있는 곳이다. 나의 용기는 이 정도다.

 미래를 걱정하는 것은 가장 손쉽다. 가만히 누워 걱정한다. 그 사람이 나를 두고 떠나면 어떡하지. 저 사람이 나를 해코지하면 어떡하지. 걱정에는 현실의 근육도 현재의 품도 안 든다. 시간만 필요로 한다. 그리고 한 가지 더 필요한 재료, 나의 신경. 그 두 가지만 있으면 그만이다. 현재의 일이 아닌 것에 시간과 신경을 들이다 보면 오늘의 밤도 바닥이 난다. 그렇게 다시 아침을 맞이한다. 다시 현재를 살아야 하는 시간이다. 지난밤 가져다 먹은 미래가 아직 소화되지 않았다. 체한 것 같다. 짝사랑 상대가 나온 꿈처럼 어젯밤의 걱정은 오늘의 내 마음을 지배한다. 메신저에 답장하다가도 지워지지 않은 불안과 걱정들이 답장하던 나의 손가락 범위도 좁게 만든다.

 계약 만료 시기가 다가온다. 2년 연장을 할 수도 있지만 한 번에 냄비와 프라이팬을 같이 올릴 수 있는 집으로 가고 싶다. 좀 더 따듯하면 좋겠다. 전자책으로 보던 책들을 몇 권은 쌓아두고 싶기도 하다. 지난 2년을 보내면서 내게 필요했던 것들을 꼽아본다. 한편으론 근처에 내가 큰 마트가 있어 편리했고, 안심하고 지낼 수 있는 건물이었고, 빨래가 잘 마르는 집이었다. 매일매일 포근하게 잤다. 나는 왜 이곳을 떠나야 할까? 떠나기로 했을까? 이곳에 발붙이기로 결심한 적이 없다. 아니, 그 어디에도 정착을 꿈꾼 적이 없다. 이내 다음을 준비한다. 2년이 지났고, 이 도시에 나를 편히 누일 공간을 찾아 떠나야 할지도 모른다. 나는 유효기간 2년짜리다. 이번 고용계약이 연장되지 않으면 회사를 알아봐야 하고 그러면 집도 다시 알아봐야 한다. 매번 새로운 2년이 시작될 때면, 다음을 준비하기엔 멀고, 당장에 뿌리내리기엔 가깝다. 반복되는 유효기간은 나를 계속 멀지도 가깝지 않은 상태로 만든다. 제자리가 아니라고 되뇌어 보지만 계속 울타리와 범위가 좁아지는 느낌만은 선명하다.

유효기간이 있단 것은 위로면서 도피다. 정해진 끝은 그 기간만 버티면 된다는 말이다. 내 것이 아니다. 그러므로 마음을 다 줄 필요가 없단 뜻이다. 그 대상은 지금 내가 누워있는 집, 매일 얼굴 보는 사람들 혹은 하루하루이기도 하다. 끝이 보이는 것들에게는 지금 여기가 적당하다. 가깝지도 멀지도 않아서 보이고 들리지만 만지고 가질 수는 없는 여기. 만약 내가 아주 가까이 달려가 마음을 몽땅 주고 나면 2년 뒤의 나는 내 것으로 생각했던 것을 빼앗긴 채 텅 비어버릴 것이고, 반대로 멀리 도망쳐 마음을 전혀 안 주면 지금의 내가 텅 비어버리니까, 나는 지금 여기에 서 있다.

| 은 | 진 | 송 |

MIRAE

1.

미래를 먹었어.

 유원은 가느다란 눈을 치켜뜨며 그렇게 말했다. 미래를 먹었다니, 그게 무슨 말이야. 당황스러움에 말을 조금 더듬었던 것도 같다. 아메리카노를 휘저으며 침묵을 지키는 유원의 태도에서 여유로움이 묻어났다.

말 그대로야. 미래를 먹었어.

 흔들림 없던 유원의 시선이 핸드폰 시계에 머물렀다. 그는 느긋하게 움직이던 시선과 다르게 재빠른 몸짓으로 일어났다.

이만 갈게, 누나. 너무 늦었어.

 만난 지 고작 이십 분이 지났을 때였다.
 찝찝해. 묘연은 도저히 그 아이의 말을 알아들을 수 없었다. 생각이 불어나서 잠에 들기 어려웠다. 핸드폰 갤러리 속 사진에는 몇 달 전과 전혀다른 유원이 있었다. 미래를 먹었다니? 유원의 푹 들어간 눈과 도드라진 광대뼈 위로 희미한 안정감이 깃들어 있었다. 돈에 대해서는 일언반구도 없었다.
 유원에게서 느껴지는 오묘한 여유로움이 왜 위화감으로 여겨질까. 묘연의 걱정이 꼬리를 물었다. 범죄에 휘말린 것일까? 도박이라도 하는 걸까? 아니면 뭐지, 아니면. 아무리 비유적인 표현이라지만. 설마 비유가 아니었던 걸까. 비유가 아니라면, 뭔데. 묘연은 잠이 오지 않던 밤 그를 재우던 소설들이 원망스러웠다.

–

 묘연이 답답한 마음에 열어 둔 차창으로 약한 바람이 들어왔다.

[무슨 일 있는 거 아니지? 이번에도 저번이랑 똑같이 주면 될까?]
[나 괜찮아.]
[공부는 잘돼?]

 일주일이 지나서야 괜찮다는 대답이 돌아왔다. 다시 보낸 답장에는 한참이 지나도록 답이 없었다. "500미터 앞에서 좌회전입니다." 묘연은 내비게이션 때문에 켜둔 지도 앱을 잠시도 그냥 두지 못했다. 앱을 닫았다 열기를 반복하는 동안에도 차는 움직였고, 내비게이션은 자꾸만 묘연의 위치를 놓쳤다. 잠시 후 "어린이보호구역입니다." 500미터 앞의 좌회전은 500미터를 진작에 지나친 직진이 되었고, 잠시 후의 어린이보호구역은 한참 전의 어린이보호구역이 되었다.

묘연은 봐야 할 곳을 보지 못하고 있었다. 들어야 할 것도 듣지 못하고 있었다. 유원을 만나고 난 뒤부터 이런 일이 계속되었다. 직장에서는 말 그대로 얼빠진 사람이었다. 묘연은 닳아가고 있었다. 묘연의 생기가 유원의 배터리가 된 것처럼. 딴생각, 정확히는 유원의 생각을 하느라 자기를 부르는 소리를 놓치곤 했다. 일 처리를 위해 찾아온 관계자들의 알림 소리를 듣지 못해 세워놓기 일쑤였다. 묘연의 핸드폰 배터리가 닳아 가고 있었다.

 얼마 지나지 않아 휴대전화가 방전되었다. 바깥엔 어둠이 깔렸다. 진입해야 할 고가도로도 빠져나와야 하는 터널도 잊고, 받아야 하는 전화도 받지 못한 채 묘연은 어딘가를 끝도 없이 달리고 있었다. 깜깜한 주변을 지각하자, 묘연은 숨을 쉬기가 어려워졌다. 어둠이 자기를 잡아먹는 것 같았다. 묘연은 이미 먹히고 있었다.

 이내, 끼익하는 요란한 소리와 함께 차가 멈췄다. 묘연이 움직일 수 없어진 것이다. 공포로 자욱한 차 안의 공기에 묘연의 손가락이 방전된 휴대전화를 더듬거렸다. 잠시라도 켜지길 바란 것이다.

똑똑. 똑똑똑. 똑 똑 똑 똑.

 창문을 두드리는 소리가 점점 빨라졌다. 묘연이 느릿하게 고개를 돌렸을 때, 사람의 형체를 한 무언가가 서 있었다. 운전석 창문으로 본 그는 어둠에 물든 주변과 대비되는 새하얀 옷을 입고 있었다. 그는 묘연에게 미소를 지으며 말했다.

불안하시군요.

 그 미소는 무척이나 인자했다. 묘연은 순간 기이한 기분에 휩싸였다. 두려움으로 물든 묘연의 마음에 돌연 평화가 찾아오고 있었다. 어둠에 익숙해진 눈이 밝아졌기 때문일까. 어둠을 알아주는 사람이 있다는 걸 느꼈기 때문일까. 주변이 더 이상 어둡지 않았다.
 그제야 묘연은 그이의 형체를 선명히 볼 수 있었다. 그이의 표정에서 묘연은 며칠 전 유원의 얼굴을 떠올렸다. 그것은 모든 것을 통달한 사람 같기도 하였고 해탈한 사람 같기도 하였다. 모든 것을 가진 사람 같아 보이기도 하였지만 모든 것을 잃은 사람 같기도 하였다.
 묘연이 갈피를 잡지 못하고 있을 때 그이는 바스락거리는 소리를 내고선 흔적도 없이 사라졌다. 묘연의 차 문틈에는 사탕 봉지 하나가 끼워져 있었다.

MIRAE.

 묘연이 침대에 기대어 사탕 봉지를 이리저리 움직였다. 핸드폰 불빛으로 포장지를 비춰 보았다. 봉지를 뜯어 사탕을 세어 보았다. 문질러도 보고 구부려도 보았다. 특별할 것 없는 사탕이었다. 보통의 사탕. 적어도 겉보기엔 그랬다. 사탕에서 알 수 있는 정보는 한정적이었다. 무턱대고 먹어보기도 껄끄러웠다. 묘연은 어쩐지 스스로가 우스워져 허탈한 한숨을 뱉어냈다.
 유원에게서는 그날 이후로 연락이 끊겼다. 메시지를 보내지도 전화를 받지도 않았다. 며칠씩 연락이 뜸해지는 일이 전에도 없었던 일은 아니었다. 다만 이번에는 이상하게 유원이 낯설어 괜히 신경이 쓰였다. 신고해야 할까. 아니야. 괜히 일을 크게 만들 필욘 없지. 집에 찾아가 보는 게 먼저다. 묘연이 손톱을 뜯었다.

제발 좀! 내버려둬. 알아서 한다잖아.

 날 선 목소리가 귓가에 선명했다. 견딜 수 없어질 테다. 머리를 휘저으며 묘연이 서랍 속에 넣어 둔 'MIRAE'를 꺼냈다. 그날 유원의 '미래를 먹었어'가 자꾸만 되풀이되었다. 아무래도 생각하고 싶지 않아서 묘연은 핸드폰에 집중하기로 했다.

 앉은 자세에서 누운 자세로, 누운 자세에서 다시 엎드린 자세로, 쑤신 몸을 비틀며 묘연은 사탕을 탐색했다. 인터넷에서 얻을 수 있는 정보는 딱히 없었다. 일단 검색 자체가 잘되지 않았다. '미래'라는 건 무척 흔한 것이었다. 수많은 사람이 미래를 말하고 있었다. 묘연은 원래의 목적을 잊은 채 그들의 미래를 들여다봤다. 그들의 미래는 반짝거렸다. 반짝여서 눈이 시렸다. 블루라이트를 내뿜는 그곳의 미래들이 어둠 속 한 줄기의 등대처럼 그들의 방향을 인도하고 있었다.

미래라니. 그들의 미래를 보며 묘연은 자기의 미래를 상상해 보려 했지만, 쉽사리 되지 않았다. 유원만이 떠오를 뿐이었다. 유일한 피붙이. 그 아이에게만큼은 세상이 망망대해가 아니라 잔잔한 풀장 같은 거였으면 좋겠다. 아무 일 없었으면 좋겠는데. 자신의 이런 걱정도 다 기우였으면 좋겠다. 상념에 휩싸였던 묘연이 벌떡 몸을 일으켜 가방을 뒤졌다. 이걸 잊고 있었다니.
길지 않은 신호음 뒤로 맑은 목소리가 들렸다.

네, 여보세요. 최시냅니다.

-

묘연은 간신히 정신을 차렸다. 그제야 큰 길목으로 나가는 길이 눈에 들어왔다. 언제 있었냐는 듯 생경한 자리에, 누가 봐도 시간의 흔적이 명백한 편의점이 있었다. 묘연이 살짝 떨리는 손으로 핸드폰 충전을 물어보자, 고령의 편의점 직원은 꽤 걱정스러운 눈빛을 보내 왔다. 그렇다고 그가 해 준 것은 딱히 없었지만, 묘연은 그 눈빛으로 충분하다고 느꼈던 것 같다. 묘연은 거기서 일말의 여지를 느꼈기 때문이다. 무언가를 물어도 대답해 줄 용의 같은 것, 상대의 안전을 위해서 어느 쪽이 더 나을까를 고민하는 마음 같은 것. 그런 것에서 묘연은 말을 걸어도 좋겠다고 생각했다.

혹시 이 편의점에서 이런 사탕도 파나요? 아니, 이런 걸 주면서 돌아다니는 사람을 본 적 있으세요?

 묘연이 순백색 유니폼의 그자가 남긴 'MIRAE'를 내밀며 말했다. 도움은 주고 싶었던 모양인지 한참이나 사탕 봉지를 들고 구석구석 살피던 노인은 이내 아쉽다는 듯 모른다는 말을 뱉었다. 특별한 정보를 얻으리라 기대하지 않았건만 아찔한 기분은 어쩔 수 없었다. 동시에 다행스러운 기분도 들었다. 안도의 숨을 고르며 소름이 돋아올랐던 팔을 쓸어내렸다. 편의점 안에서 보는 바깥의 어둠이 일렁였다. 흔들리는 어둠이 꼭 밤바다 같았다. 묘연이 충전값을 내고 돌아서던 찰나, 편의점의 노인은 돌연 무언가가 생각났다는 듯이 묘연을 불러세웠다. 그는 묘연에게 사탕을 다시 볼 수 있겠느냐고 물었다. 흐음, 노인이 입소리를 내더니 계산대 아래 서랍에서 명함 하나를 꺼내 주었다.

이게 우리 딸 명함인데 기자예요. 사탕인데 미래인가 뭔가를 취재한다대.

아까는 어딘가에서 본 듯해서 열심히 살핀 모양이었다. 노인은 자기의 추측이 스스로 어색한지 민망한 기색을 감추지 못했다. 혹시 모르니까 함 가져가 봐요. 묘연은 얼떨결에 받은 명함을 카드와 함께 지갑에 넣었다.

-

새미래라는 회사예요. 영문으로는 new-mirae라는 조어를 쓰고 있습니다. 슬로건은 당신의 앞날에 평안만이,이고요. 그리고 그 사탕은 드셔도 돼요.

 묘연이 만난 최시내라는 사람은 상상한 것과 사뭇 달랐다. 딸이라는 정보에 무의식적으로 몰입한 탓이었다.

뜯어도 상관없으시면 제가 뜯어서 하나 먹어도 될까요? 맛있거든요, 그거.

 그리고 괴짜라는 말이 어울렸다.

네에?

 묘연이 말릴 틈도 없이 시내가 팔을 뻗었다. 그는 봉지를 뜯어 순식간에 사탕 하나를 입에 넣었다. 묘연에게 허락받을 생각은 없던 모양이었다. 시내는 몹시 만족스러운 표정이었다. 유원의 그 표정과 같은 느낌은 아니었지만.

아니, 괜찮은 거 맞아요? 이렇게 함부로 먹어도 되는 거예요?

 아무리 전화로 통성명을 했다지만, 처음 만난 자리에서 아무런 소개도 없이 앉자마자 사탕을 먹고 있는 이 상황이 묘연은 이해되지 않았다.

너무 심각하게 생각하실 필요 없어요. 이렇게 된 김에 비밀 하나 알려드릴까요?

 태연히 말하다가 갑작스레 얼굴을 굳히며 비밀을 얘기해 주겠다는 시내를 보며 묘연의 표정이 저도 모르게 굳었다. 묘연은 당황스러웠다. 그렇지만 듣지 않을 이유도 없었다. 묘연은 빨리 사탕 얘기를 들어서 찝찝함을 마무리 짓고, 유원을 찾는 일에 집중해야겠다고 결심했다.

제가 사실, 여기 대표예요.
아, 네. 네?

뻥이에요.

 이 사람 미친 거야? 사탕을 먹으면 저렇게 되는 걸까. 할 말을 잃은 묘연이 아무 말도 하지 않은 채로 한쪽 눈썹을 올렸다. 그는 뜯긴 사탕 봉지와 시내에게 번갈아 시선을 주었다.

최시내라고 해요. 원래 제일방송에서 일했었고요. 퇴사한 후에는 프리랜서로 일하고 있어요. 다행히 르포나 기획 취재하는 매체에서 써주고 있죠. 돈은 안 되는 편이지만. 사탕에 대해서는 거짓말이 없어요. 좀 맛있는 걸 섞은 평범한 포도당이에요. 성분 분석을 의뢰했었거든요. 제가 맛있는 걸 원래 좋아해요. 거기가 사탕 하나는 기가 막히게 만들거든요. 인위적인 사탕 맛이랑은 차원이 달라.

 시내는 누구보다 재빠르게 말하면서 새로운 사탕을 뜯고 있었다. 묘연은 이 수상한 기자의 말을 믿기 어려웠다. 분명히 뭔가가 있을 거라 짐작했는데 아무것도 아니란다. 저렇게 맛있게 먹는 모습을 보고 있자니 저도 모르게 입맛을 다시게 되었다. 의심을 거두지 않은 묘연은 먹지 않기로 마음을 다잡았다.

저를 믿지 않으시기로 하셨나 보네요. 그렇지만 이 자리를 떠나지 못하시는 이유는?

시내는 말을 마치고 싱긋 웃었다. 미래를 먹었다고 동생이 말했어요. 그러다가 미래라는 사탕이 제게 나타났어요. 묘연은 입에 맴도는 연결고리를 말하지 않고 컵에 맺힌 물방울만 보고 있었다.

시내는 다른 생각을 하는 듯 동요하는 묘연의 모습을 그저 보다가 꽤나 보통의 기자 모습으로 사탕에 대해서 말하기 시작했다. 취재를 시작한 지 두 달 정도라 진척은 없는 상태라고 했다. 확인한 건 사탕의 성분 정도라고. 사업장 주소도 가짜고. 시내는 거듭 그 사탕은 단순한 포도당 캔디라고 강조했다. 단지, 자신처럼 사탕만 먹은 경우 말고 그들과 만나 사탕을 먹은 사람들은 새

미래에 대한 의존도가 이해할 수 없을 정도로 심하다고 말했다.

인상도 달라지고, 감정 조절도 이전과 달라지고. 연예인 하나가 관련이 있는 것 같아서 그쪽을 파고 있는 중인데…….

묘연의 심장이 거칠게 뛰었다. 달라진 인상. 달라진 정서.

뭔가를 거래하는 거 같긴 한데, 그게 뭔지 알 수가 없어요. 사탕을 먹은 사람들에게 물어보면 한결같이 미래를 먹었다고 말하고 그뿐이죠. 아무래도 'MIRAE'를 먹은 게 맞을 거니까요?

심장이 내려앉는 것 같았다. 미래를 먹었어. 유원이 그날 했던 말과 같다. 확신에 가까웠던 직감이 확실해지는 순간이었다.

2.

ANX 7, 오늘 치 분량입니다.
부족해요.
드셔 보시지도 않고요.
부족해요.
우선 다 드신 후에 다시 얘기하죠.

 베일 듯이 깨끗한 유리병에 사탕이 잔뜩 들어 있다. 새하얗게 세탁된 유니폼을 입은 사람이 긴 복도를 돌아다녔다. 박자를 젓는 지휘자의 모양새로 그는 수십 개의 방문을 여닫으며 호명이 재차 이어졌다. 같은 말을 하는 것이 지겹지도 않은지 얼굴의 미소는 사라질 기미가 없었다. 입꼬리가 올라가고 눈꼬리가 접힌 완벽한 뒤셴 미소였다.

 일을 제대로 하지 않는 것은 아니었다. 일련의 과정은 익숙하고 자연스럽게 수행되었다. 방문을 여닫는 행동엔 한 치의 오차도 없었다. 오른손으로 방문을 열고, 밀고, 왼손에 든 유리병을 내려 두고, 그대로 오른발을 한 걸음 뒤로 디뎌 오른손으로 방문을 닫았다. 이것이 반복되었다. 마치 리듬이 있는 것처럼 유니폼의 움직임이 흘러갔다. 그는 이 리듬을 즐기는 것처럼 보였다.

주기가 계속 짧아지고 있어요.

 여전히 미소를 머금은 채였다. 맞은편의 사람은 데스크톱 앞에 앉아 모니터를 응시하고 있었다. 알 수 없는 글자들이 뒤섞여 있었다.

8로 올려 볼까요?
누구라고 했지?
전반적으로요. 유원 님은 오늘 받을 때부터 부족하다고 하더군요. 버텨 보지도 않고 말이에요. 미래 의존도가 상당히 높을 것으로 파악됩니다.

 의자에 앉은 이가 마우스를 몇 번 클릭하더니 이내 고개를 끄덕였다.

그럴 만해. 미래가 쏟아지고 있는걸.

 말하는 사람에게 시선 한 번 주지 않고 모니터만을 바라보는 빛 하나 없는 눈이었다. 상담실장 명승지. 걸친 가운 위의 명찰이 그와 마주한 창문 너머의 빛을 받아 반짝거렸다. 빨려 들어갈 것만 같은 깊은 눈동자에 명료함이 깃들어 있다. 그에게 보고하러 온 이의 미소도 덩달아 깊어졌다.

어젯밤에 진작 끝났어야 할 분량을 멈추지 못하고 있어. 그대들은 아침에 힘들겠다.

 승지가 전혀 힘들이지 않은 목소리로 말했다.

별말씀을요. 저희는 이제 불안이….

 상대가 말을 맺기까지 기다릴 생각도 없이 승지는 제 말을 했다.

오늘 8로 올리고 9로 조정될 거 같으면 세션을 잡아 둬요.

승지는 여전히 그 시선, 그 자세 그대로였다.

그리고, 앞으로는 외부 표본 수집을 자제하도록 해요. 필요 없어.

승지의 말을 들은 유니폼의 보고자는 웃음을 띠고 있었다.

-

작다고 하면 작고 크다고 하면 크다고 불릴 어떤 방 안, 승지는 정면의 문을 응시하고 있었다. 그가 초점을 맞춘 지 오래지 않아 멀끔한 모습의 누군가가 문을 열고 들어섰다. 「새미래: 당신의 앞날에 평안만이」 벽에 박혀 있는 커다란 현판을 보며 MIRAE를 받던 방과 크게 다르지 않은 방이라고, 들어온 이가 생각했다.

유원 님. 오랜만이에요.

 유원은 승지에게 어떤 말도 하지 않고 빈자리에 앉았다. 그런 유원을 승지도 크게 신경 쓰지 않았다. 승지는 유원이 앉자마자 인사치레를 거두고 '상담'을 서둘렀다.

오늘부로 ANX 9가 되셨어요. 미래를 자주 떠올리시는 건 괜찮아요. 그렇지만 하루 분량을 당겨서 떠올리시면 힘드시죠. 그만큼 저희한테 많이 쏟아내시잖아요. 저희도 그만큼 많은 양의 미래를 드려야 하고요.
어차피 다 제 거라면서요.
그렇긴 하지만.

 승지가 말을 멈췄다. 한 사람의 데이터가 과다하면 이상치가 생기잖아요. 속으로 말을 삼키며 승지는 그제야 초점을 유원에게로 옮겼다. 승지의 눈에 담긴 유원은 무사했다. 그는 무사해서 점점 무력해지고 있다. 그는 무력하다. 그 자신조차 눈치채지 못할 정도로.

그렇긴 하지만, 불필요해서요.
그렇군요.
아예 완전한 삭제를 권해드릴까 해요. 비용이 들긴 해요.

 승지가 유니폼을 입은 사람들처럼 웃었다.

지금까지는 데이터를 주시는 대가로 미래 비용은 무료로 해 드렸지만, 삭제는 고급 시퀀스여서요.

 유원은 자기의 상태를 곰곰이 더듬어 보았다. 그다지 대단한 생각은 나지 않았다. 하여튼 노력을 해보고 싶었다. 수많은 얼개로 엮인 미래들 사이에서 지금 제 상황을 정의 내리는 일이 녹록지 않게 느껴졌다. 무섭다는 느낌도 사라지고 위협들도 사라지는데 어쩐지, 뭘 해보려는 마음 비슷한 것들이 꼭 원래 있지도 않았던 것처럼 짐작마저 되지 않는 거다. 내가 왜 여기 있지? 뭘 하려 했더라? 하고 싶은 게 뭐였더라? 원래 뭘 하고 있었더라? 유원은 애써 다짐하듯 말했다.

저는 공부를 하는 중이에요.
그렇다고 하셨어요.
누나를 실망시키기 싫어요.
그렇다고 하셨어요.

승지의 손목에 있던 스마트워치에서 알람이 솟구치듯 울렸다. 내담자의 미래가 실시간으로 반영되는 알림 기기였다. 승지가 진동을 감지하자, 유원의 표정이 살짝 일그러졌다. 아까까지 충만하던 표정이 사그라들고 있었다.

누나가 실망할까요?

유원이 참을 수 없다는 듯이 뱉어냈다.

저와 저희 직원들은 이미 전부 삭제했지요. 이것만큼 편한 것도 없죠. 다들 표정을 좀 보세요. 걱정거리나 두려움 같은 건 실금만큼도 찾을 수 없죠.

승지는 유원의 질문에 답하는 대신, 설득에 가까운 대답을 했다. 유원의 치솟은 미래를 진정시켜야 했던 것이다.

-

 묘연은 문 앞에서 한참을 서성였다. 막상 집 앞에 서니 유원이 집에 있을 상황이 걱정되기 시작했다. 그 아이가 지금 집에 있다면 자신이 찾아온 걸 보고 연락을 끊겠다고 단언할지도 모른다. 묘연은 이미 덮어둔 많은 것 위에 이대로 하나를 더 추가하는 게 그렇게 나쁠까 싶었다. 묘연은 유원을 살리고 싶다. 그래서 문을 열 수도 문을 열지 않을 수도 없었다. 유원이 지금 이 순간에 원하는 건 무엇일까. 문이 열리는 걸까, 열리지 않는 것일까. 확실한 건, 그게 묘연이 원하는 것은 아닐 터다. 유원에 한해서, 묘연이 맞다고 생각하는 것은 모조리 오답이었으니까. 묘연은 유원을 알 수 없어서 괴로웠다.

난 네가 진짜 이해가 안 된다. 요즘 세상에 역사 연구, 나 이제 네

뒷바라지하기도 힘들어. 너도 적당히 하고 철 좀 들어. 취업할 데 없다고 몇 년이나 시간 축낸 건 너야. 너.

 묘연이 세차게 고개를 휘저었다. 묻어두었던 생각을 다시 묻었다. 불쑥 튀어나오는 그날의 잔흔이 묘연의 머릿속을 돌아다녔다. 일단은, 문을 두드려 보자. 전화를 해 보고. 쿵쿵 쿵쿵, 쿵쿵 쿵쿵. 문 두드리는 소리는 몇 번씩이나 반복되었다. 유원의 집은 어떠한 반응도 없이 고요했다. 노크 소리와 함께 반복되는 통화 연결음만이 복도에 울려 퍼질 뿐이었다.
 모르겠다. 정말 모르겠다. 예측 불가능한 모든 불쾌한 결과가 묘연을 옥죄여 오고 있었다.

할게. 시험 친다고.

불현듯 어느 날의 목소리가 떠올랐다. 지금 귓가에 들리는 것처럼 생생하게, 퍼져 나가는 목소리였다. 체념인 듯, 한편 결심인 듯한 목소리였다. 묘연은 분명 다짐이라 믿었던 그 목소리에 후회가 묻어 있을 가능성이 믿어지기 시작했다. 그때 그 애의 표정이 어땠더라. 표정이, 그러니까 표정이…. 어땠더라.

하아.

 깊은 한숨 뒤로 묘연이 눈을 꼭 감고 문고리를 돌렸다. 열리지 않을 거라는 예상이 무색하게 문은 너무나 쉽게 열렸다. 쇳소리의 잔향과 함께 허탈함과 안도감이 파도처럼 밀려왔다. 발밑을 향해 있던 묘연의 고개가 곧, 무언가를 따라가듯 서서히 움직였다.

 ......이게... 뭐야?

3.

삭제하시기 전에 모든 것을 쏟아 내는 편이 좋습니다. 앞으로 그것들은 영원히 없을 테니까요.

 승지가 손에 든 태블릿 화면을 이리저리 터치하며 화면 속 시스템을 조정했다. 완전 삭제를 결정하시고 나면 이제 더 이상 미래는 없어요. 다 쏟아내세요.

-

 묘연이 마주한 유원의 집은 집이 아니었다. 그곳은 쓰레기장에 가까웠다. 아니, 사탕 포장 공장? 주저앉을 자리도, 발 디딜 틈도 없이 작은방을 매립지로 만들어 버린 사탕 껍데기에 묘연은 기함했다. 미래가 맞았다. 괴상한 사탕을 먹은 게 맞았다. 시내가 말했던 심한 의존도라는 게 어떤 것인지, 방을 들어서자마자 알 수 있었다. 사탕 껍데기가 컨베이어벨트 위에서 빙글빙글 움직이는 착시가 일어날 지경이었다. 사탕이 방 안을 호령하고 있다고 표현해도 좋았다.

 묘연이 새파랗게 질려 몇십 분이나 얼어 있었다. 사탕의 단내에 이끌려 개미들이 줄을 지어 돌아다녔다. 묘연은 개미들을 따라 조심스레 발을 디뎠다. 몇 걸음 만에 묘연은 사탕에 잠겨 있는 침대를 발견할 수 있었다.

 사탕 껍데기를 휘저어 침대를 정리했다. 침대 머리맡에는 푸른 바다 사진이 있었다. 언제였는지도 까마득한 유원과의 마지막 여행이었다. 앳된 얼굴의 묘연과 청년의 태가 보이는 유원이 있었다. 둘의 웃음 뒤로 드넓은 바다와 까마득한 수평선이 펼쳐졌다. 그 애는 바다를 좋아했다. 미지의 대륙을 발견하고 바다를 모험한 이야기들을 좋아했다. 묘연이 고개를 돌리자 사탕으로 뒤덮인 책장에서 숨겨지지 않은 세계사 책들이 눈에 띄었다. 어쩌면 그 애의 운명이었을지도 모르겠다. 바다를 좋아한 게. 아니, 역사를 좋아한 게.

 묘연은 유원의 집을 깨끗이 치웠다. 그가 돌아와서 불안의 흔적을 발견할 수 없도록. 밤낮없이 똑같이 생긴 사탕 봉지를 수백 개씩 보느라 눈이 어지러웠을 즈음, 묘연은 조금 다른 MIRAE의 포장지 하나를 찾아내었다. 제게 있는 것과 눈에 띄게 달랐다. 색깔도, 디자인도, 다 달랐고, 무엇보다 큐알코드 하나가 작은 자리를 차지하고 있었다. 자칫 모르고 지나칠 정도로 작고 구석에 있었다. 그 포장지는 유원이 간직하려 했었던 것처럼 책상 한쪽에 가지런히 접혀 있었다.

 묘연이 망설였다. 큐알코드를 섣불리 스캔했다가 해킹 따위에 휘말릴까 봐 두려운 마음이 일었다. 지나치게 신중한 탓이었다. 땅속의 유물이라도 발굴하는 양, 묘연은 집착에 가까울 정도로 집요하게 다른 단서를 찾았다. 그러나 긴 시간이 흘렀음에도 별 소득은 없었다. 그저 지독한 단내에 온몸이 절여지고 있었다. 묘연은 큐알코드가 박혀 있는 포장지를 집어 들었다. 지금 이 상황에서 유원을 찾지 못하는 것만큼 큰일이 또 어딨으랴. 그렇게 생각하니 다른 단서를 찾았던 시간마저 아까워졌다.

「코드를 입력하세요. 이것은 항상 쫓아오지만 절대 잡을 수 없습니다.」

알 수 없는 화면에 머뭇대던 손가락이 단번에 자판을 눌렀다.

「미래」

 낯익은 사탕 봉투가 웹 화면으로 열렸다. 사탕 알맹이가 포춘 쿠키처럼 글자들을 감싸고 있는 형태였다. 화면이 빛을 내며 깜빡였다. 쉴 새 없이 올라가는 사탕들. 화면을 보던 묘연의 눈이 같이 깜빡였다.
 사탕들이 화면에 둥둥 떠다녔다. 부양, 취업, 안정적인 직장, 인정, 기대, 자유, 돈, 생계, 나이, 알바, 결혼, 집값, 승진, 경쟁, 성적, 유명세, 남의 성공, 나의 실패…. 어떤 사탕들은 흘러넘치는 텍스트를 품기도 하였다.
 얼마 전 미래를 검색하느라 봤던 미래들이 떠올랐다. 혼자 힘으로 발광하듯 생기 있던 미래들과 달라도 너무 다른, 미래라는 이름의 현실들이 있었다. 이곳의 미래들은 뭉툭하거나 뾰족했다. 뭉툭한 것은 크기를 부풀리거나 두서없이 굴러다녔고 뾰족한 것은 지독하게 벼려져 의도 없이 주변을 상처 냈다.
 뭘까. 이게. 묘연의 마음이 점점 복잡해졌다. 누군가의 일기장을 몰래 훔쳐본 기분이었다. 서로 다른 맥락의 미래들이 하나같이 간절했다. 사탕이 발끝에 채던 이 집의 모습이 사탕이 쏟아지는 디지털 화면과 겹쳐졌다.
 촘촘히 엉클어진 사탕들 하단에, 알림창 하나가 떠 있었다.

「지금의 불안을 입력하세요. 'MIRAE'와 바꿔 드립니다.」

 묘연의 입력을 기다리는 것처럼 꺼지지 않았다. 묘연의 손가락에는 더 이상 주저함이 없었다.

「유원」

-

 승지가 가느다란 검지로 책상을 두드리고 있다. 흥미로운 보고는 하나도 없고 죄다 지저분한 것들이라니. 제 몫 하나 해내지 못하는 인간들이 한심했다.

ANX 9, 유예 기간 나흘째입니다.
제발, 똑바로 일하지 못할 거면 집어치워주길 바랄게.

 상용화가 머지않았는데. 이번 회기만 마무리되면 실험은 이쯤에서 종료될 예정이었다. 유원이 치료제의 대상이 된 건 계획에 따른 결정은 아니었어도 그 순간 내릴 수 있는 합리적인 결정이었다. 실험에는 언제나 변수가 있다. 물론 지금 이런 식의 변수까지 원하진 않았지만 말이다. 삭제 시퀀스에 진입하기 전 사전 작업이 제대로 진행되지 않고 있었다. 유원이 불안을 뱉을수록, 불안은 사그라지지 않고 넘쳐흘렀다. 불안은 뱉어진 불안을 먹고 다시 채워졌다.
 일관된 톤을 가진 승지의 음성이 날카로웠다. 그는 참을 수 없는 화를 억지로 참는 사람처럼 보였다.

죄송하다는 말은 불요하다니깐. 그런 말은 하나도 도움이 되질 않아. 어떻게 해야 하는지 플랜을 짜. 님들한테 비용을 받지 않은 건 다 그런 효율성을 위해서잖아.

승지가 주먹 쥔 손에서 튀어나온 검지 마디로 뒤쪽의 현판을 가리켰다.「새미래: 당신의 앞날에 평안만이」

-

 '유원-MIRAE'라는 상단 헤더를 달고, 사탕 봉투와 똑같이 디자인된 하나의 화면. 유원과 피를 나눴기에 자기와 비슷할 거라 믿었던 것. 그것이야말로 묘연의 가장 큰 착각이었다.

「누나가 실망하지 않았으면 좋겠다.」
「선생님이 되어야 한다.」
「될 수 있을지 모르겠다.」
「자신이 없다.」
「돈을 벌어야 한다.」
「나만 제자리다.」
「하고 싶지 않아서 용기 내고 싶지 않다.」
「해야 하는 일인데 하고 싶지 않다.」

「해야, 하는 일일까?」
「불안을 없애 버리고 싶다.」
「불안하다.」
「쓸모없는 인간」
「차라리 사라지면 편안할까?」

 묘연은 사탕 하나하나를 눌렀다. 하나하나의 단어와 하나하나의 마음, 하나하나의 장면을 읽었다. 놓칠 수 없다는 듯이 읽었다. 묘연은 비로소, 유원과 같은 생각을 할 수 있었다. 묘연은 그제야 유원을 유원만큼 볼 수 있었다.

어? 유원이! 오랜만이다. 너 여기서 뭐 하냐? 공부하는 거야? 아직도?
나이가 좀 많으시네요? 그간 하신 일도 없으신데요?
이게 이렇게까지 반대할 일이야?
임용한다고 몇 년째 저러고 있잖아. 한심하다.

유원을 위하는 묘연의 마음에는 악의도 없고 불의도 없다. 하지만 원치 않은 마음은 상처가 될 수도 있었다. 묘연은 유원을 위했다. 누구보다. 심지어 유원보다 더. 그게 유원에게 족쇄가 될 줄도 모르고. 유원을 위한다고 했으면서, 결국 나를 위한 거였다. 그건 유원을 위한 게 아니었다. 묘연이 얼굴에 제멋대로 흐른 눈물을 거칠게 닦아냈다.
 나흘이 지났다.

―

 유원이 침대에 누워 천장을 보았다. 좀 전에 입력한 불안들이 생각났다. 생각을 지우려고 생각하니 또 생각이 났다. 고개를 세차게 흔든 유원은 옆쪽에 얼마 남지 않은 사탕의 개수를 세 보았다. 사탕 하나를 먹은 유원이 종료된 시스템 창을 다시 열어 지금의 불안을 입력했다.

「앞으로도 불안을 벗어날 수 없을까 봐.」

금세 진정된 유원이 눈을 꼭 감았다. 이번에는 누나 생각이 났다.

 요즘 들어 표정의 변화를 찾아볼 수 없는 유원일지라도, 누나 생각을 할 때면 늘 눈가가 풀어졌다. 누나에게만은 들키고 싶지 않고, 또 누나에게만큼은 들켜야만 하는 것. 유원은 그게 뭔지 알기 때문에 마음을 다잡으려 했다. 솔직하고 싶지만 진심을 말할 수 없고, 진심을 말하려고 했어도 솔직한 고백은 어렵다. 어떤 감정들은 마주하기 어려울 정도로 처절하고 구릴 정도로 찌질하다. 누나 앞에서는 찌질하기 싫다. 하지만 누나 앞이야말로 찌질할 수 있는 곳이다. 그걸 안다. 그래서 싫다. 웬만한 일에 초연해진 유원이 누나를 줄곧 떠올리며 여유를 잃기 시작했다. 누나가 나를 잊고 잘 살아갔으면. 누나가 나를 찾지 않았으면. 나 때문에 결혼 생각은 하지도 않고, 나 때문에 자기 삶은 챙기지도 않은, 그런 누나가 이제는 나 같은 건 걱정하지 말고 자기 삶을 찾았으면 좋겠다. 다 나 때문이야. 누나 앞길을 막은 건 나다.

 팔로 눈을 가리고 있던 유원이 남은 사탕 하나를 털어먹고 새로운 미래를 입력했다.

-

 나흘째 같은 시간에 새로운 사탕들이 올라왔다. 대체로 비슷한 내용을 담고 있는 사탕들. 취업과 일자리에 대한 조바심, 돈과 안정적인 생활에 대한 압박감을 비추던 사탕들은 내내 누나의 걱정, 누나의 기대, 누나의 실망, 누나, 누나, 누나…. 유원-MIRAE. 미래. 미래라는 단어를 입안에서 굴려 보던 묘연이 불현듯 '유원의 미래'를 소리 내어 말했다.

 유원의 미래가 이런 거라면, 나는 유원의 미래를 왜 응원했지? 나는 무엇을 도우려 한 거지? 어질러진 유원의 방 안을 청소하면서, 묘연은 그 아이의 진심들을 하나씩 찾아냈다. 유원은 2차 시험을 단 한 번도 가지 않았다. 그 아이는 수도 없이 티를 냈는데, 티를 무시하고 좋을 대로 아무렇게나 믿어 버렸다. 한없는 바다와 끝을 모르는 수평선. 바다 앞에서 감추지 못하는 환한 미소를 지켜주지 못한 게 제 탓 같다. 일이 이 지경이 된 게 다 제 탓 같다. 걔 하고 싶은 거 하게 두는 거, 그거 모험 축에도 끼는 일이 아닌데 그걸 그렇게나 말렸다.

이럴 줄 알았으면, 어차피 금전적 지원을 해줄 거면, 그 아이가 바라는 일을 도전이라도 해보게 됐으면. 묘연이 유원의 어린 시절을 더듬었다. 사진 속 유원이 싱그러웠다. 미래를 먹었다고 했던 날의 인상과는 비교도 안 될 정도로 맑은 인상의 내 동생. 기쁨의 뿌리에서 샘솟는 여유. 그 아이의 그런 모습이 그려지지 않아 서글펐다. 거취가 묘연한 그 아이의 살아있음을 그 아이가 쏟아 내는 불안의 미래들로 짐작하며 안심할 수밖에 없다는 사실이, 자기가 가장 사랑하는 사람의 가장 지속적인 불안이 자신이라는 사실이 견딜 수 없었다.

 제발 찾기만 한다면. 힘을 내서 돛을 올리기만 해. 얼마든지 돌아다니다가 언제든지 돌아와. 파도도 만나고 파도도 타 봐. 누나가 항상 기다릴게. 나한테만큼은 아무런 걱정 없이 찾아와. 네가 오고 싶으면 언제든지 올 수 있는 정박지가 되어 줄게. 잠시 정비하고 쉬어갈 수 있는 곳이 되어 줄 테니까 넌, 닻을 내릴 곳을 아는 배처럼 나아가. 얼마든지 흔들리고 얼마든지 나아가. 제발. 그 아이의 불안이 아니라 그 아이의 안전한 구석이 되고 싶다.

―

 묘연을 마주한 시내의 눈빛이 결연했다.

불안 정서를 억제하는 치료제랍니다. 정확히는 치료제로 둔갑한 비인가 약물입니다.

 시내의 말이 놀란 묘연이 큰 소리를 냈다. 시내는 주변의 시선을 느꼈는지 묘연을 진정시키며 덧붙였다.

워, 워. 사탕은 전에 말씀드렸던 대로 그냥 사탕이 맞아요. 사탕 말고 새미래에서 궁극적으로 하는 사업이 치료제라는 거죠. 말은 그래요.

 묘연은 도무지 시내가 무슨 말을 하는지 알 수 없다는 표정을 지었다. 시내를 만나려고 했었던 목적조차 잊은 채로, 묘연의 머릿속에서는 정리되지 않은 새로운 질문들이 만들어지고 있었다.
도대체 무슨 말이에요? 도대체⋯.

묘연이 별안간 울음을 터뜨렸다.

도대체 그게 무슨 말이냐고요. 우리 유원이 어떻게 되는 건데요? 그게 뭔데요? 치료제를 왜 병원이 아니라 이상한 데서…. 애는 도대체 어딨냐고요.

묘연은 시내의 손을 붙잡고 한참이나 울었다. 카페의 사람들이 책상에 이마를 부딪쳐 가며 아기처럼 우는 묘연과 그를 다독여 주는 시내에게 시선을 주었다.

이제 좀 괜찮아졌어요?

시내는 묘연을 담담하게 다독였다. 그 모습은 의무적이기도 했고 인간적이기도 하였다. 시내는 들을 준비가 되었으면 해야 할 말을 전하겠다는 태도로 물었다. 묘연은 잘 알지도 못하는 사람에게 본모습을 보인 것 같아 조금 민망한 기분이 들었다. 묘연이 헛기침을 했다.

최근 모 매체의 연예부에서 배우 K에게 관심을 두고 있었어요. 이유는, 불안함을 호소하며 오랜 기간 활동을 중단한 K가 복귀 선언을 한 이후로 엄청난 스케줄을 소화하고 있기 때문이죠. 인터뷰에서 그는 이제 더 이상 불안을 느끼지 못한다고 말했습니다. 불안이 어떤 건지 느낄 수 없대요.
…….
무슨 말인지 아시겠어요?

 머리가 아득해진 묘연이 휴대전화를 꽉 쥐었다. 스크린이 미친 듯이 깜빡였다. 새로운 유원의 MIRAE가 불시에 올라왔다.

「앞으로도 불안을 벗어날 수 없을까 봐.」
「내가 사라진 누나」

삐이이익. 삐이이익. 삐이이익. 삐이이익.
카페를 메우는 굉음이었다.

-

 승지의 스마트 워치에서 소음에 가까운 알람이 울렸다. 소리가 울리자 복도에는 빠른 걸음 소리가 울렸다. 똑, 똑. 빨랐던 걸음과 다르게 차분하게 정돈된 노크 소리가 들렸다.

외부 액세스 뭐야? 위치 전송 때문에 없앤 기능이잖아.

 승지가 고저 없는 목소리를 유지하며 문을 연 이에게 말했다. 리드미컬하게 문을 연 그는 일전의 새하얀 유니폼 그대로였다. 오류가 있었던 모양이에요. 그 말을 듣는 승지의 미간이 일그러졌다. 두려움 따위는 찾아볼 수 없는 온전한 분노였다.

-

묘연이 카페 문을 박차고 정신없이 내달렸다.

나의 이야기

♠ <시나브로, 우리는 함께> 김 성 호

안 진   <지구 멸망의 순간에>, <블루 데이즈>
<청춘>, <미식가> ♠

♠ <시브로, 우리는 함께> 제1장

♠ <지구 펠멍의 숨결이>, <블루 레이즈>
<경종>, <미리자> 제2장

김 성 호

시나브로, 우리는 함께

 너도 글쟁이구나. 그런데……. 사람을 만날 때면 그런 생각을 할 때가 있다. 나처럼 문학을 하는 사람. 더 좁게는 소설을 쓰는 사람. 나의 고슴도치 딜레마는 바로 그런 사람들을 마주하면서부터 시작된다. 흔히들 같은 꿈을 좇는 친구를 만나면 좋지 않냐고 묻는다. 맞는 말이다. 비슷한 길을 걷고 있다는 것만으로도, 나와 같은 상태에 있는 사람을 만나는 것만으로도 힘과 위안을 얻기 마련이니까. 나 또한 그랬다. 중학교 때 처음 소설을 쓰고 고등학교 시절, 대학 문예 창작과 입시를 준비하면서 그런 또래 아이들을 많이 만났다. 온라인, 오프라인을 가리지 않고서. 그렇게 나는 삼수 끝에 원하던 대학, 학과에 진학했고 스물일곱, 대학교 3학년에 이르렀다. 현재진행형인 얘기지만, 나는 과연 그 아이들을 만나며 마냥 함께 같은 꿈을 이루기를, 같은 목표 아래 하나가 되기만을 바랐을까? 과거에 그런 질문을 받았다면 어떻게 대답했을지 모르지만 지금은 아니,라고 대답한다.

 작가가 되는 건 파이 싸움이 아니다. 각자의 꿈에 맞는 각자의 파이가 있고, 일부는 서로가 침해할 수 없는 불가침 영역이다. 그럼에도 나와 같이 글을 쓰던 친구가 먼저 대회에서 상을 받았을 때, 대학에 합격했을 때, 먼저 등단했을 때 고슴도치에 돋친 가시에 찔린 것처럼 아무도 모르는 내상을 입고 멀찍감치 피한 경우가 종종 있다. 작가라는 꿈을 향해 함께 달린 줄 알았는데 알고 보니 저 친구는 나보다 저만치 앞서 있던 것을 깨닫는 순간이 있다. 물론 그 반대의 경우도 있다. 두 경우 다 정말 어느 정도 '거리감'을 느낀다. 더는 가까워질 수 없다는 것을 깨닫는 순간이 온다. 쟤는 나와 달라. 그 차이를 인정하는 순간 그만큼 멀어지는 것이다. 비슷한 처지에 놓인 친구들 사이에서도 남모를 거리가 존재한다. 많은 경우의 고슴도치 딜레마가 존재하겠지만 적어도 내가 겪어왔고 지금 당장 이 순간 겪는 딜레마는 그렇다. 우리는 하나인 동시에 둘이다. 결코 하나가 될 수 없으면서도 때론 하나가 된다.

 최근에도 그런 경험을 했다. 신춘문예의 계절을 지나는 도중에 나는 또다시 한껏 가시를 세웠다. 나는 본심에도 언급되지 못했는데, 작가의 꿈에서 점차 멀어지는 것만 같은데 너는 벌써 거기에 다다랐구나, 하는 생각. 내 몸에 돋친 가시에 찔린 줄도 모른 채 나에게 다가오는 사람들을 볼 때면 내가 다 안쓰럽기 그지없다. 더 다가올수록 더 깊은 상처를 입고, 그러면 끝내 내가 무슨 일을 저지를 것만 같아 나는 도망친다. SNS 팔로를 끊고 연락 빈도를 줄인다. 우스운 건, 그러다가도 또 언제 그랬냐는 듯 그들을 찾는다. 갈구한다. 그 거리를 체감하는 한편 슬프다. 그 거리를 느끼는 사람으로 컸다는 게.

 가시가 없는 이들도 있을까? 없을 거다. 있다 해도 길이 정도의 차이일 뿐, 누구나 삶을 살아가다 보면 한 번쯤 고슴도치로 살아가는 시기가 있다. 솔직히 말해 나는 그러한 상태를 체험하기만 했을 뿐, 그걸 이르는 표현인 '고슴도치 딜레마'를 이번에 처음 알게 되었다. 그런 마음을 뭐라고 명명할 필요성을 뒤늦게 깨달은 탓도 있다. 어떤 것에 이름을 붙여주는 건 중요하다. 등장인물에게 이름을 비롯한 호칭을 지어주듯, 나의 마음이나 관계에 대해서도 적절한 명칭이 필요한 법이다. 비유하자면 나는 한껏 가시 돋친 고슴도치다. 나를 돌보는 누군가가 있다면 가위로 부러 가시 끝을 잘라내려고 할지도 모른다. 때론 내가 스스로 그러고 싶은 욕구를 느끼기도 한다. 하지만 그것은 자해다. 내 삶이 더 나아지는 과정 중에 그런 방식은 없다고 생각한다. 때론 내가 마음 놓고 가까워지고 사랑할 수 있는 사람들은 이 허구의 캐릭터들에 불과한가. 그런 자괴감에 가까운 생각에 사로잡히기도 한다.

 그러나 아닐 것이다. 아니어야만 하고, 그것이 아님을 나는 최근에 깨닫고 있다. 가시는 영구히 지속되지 않고 시간이 갈수록 자연스레 줄어들고 종내에 사라진다. 왜냐하면 우리는 인간이니까. 사람이니까. 모두가 알고 있듯 인간은 결코 혼자 살아갈 수 없다. 결국 함께 살아가는 존재다. 나의 경우를 비롯해 대다수의 청년들이 관계에서 고립되어 혼자 있고 싶어 하는 건 일시적인 성장의 과정일 뿐만 아니라 변화한 사회가 그렇게 '보이도록' 만든 것일 뿐이다.

 사실 우리는 누구보다도 너를, 당신을 사랑한다. 친해지고 싶다. 가까워지고 싶다. 사회에 산적한 여러 요소들을 먹고 자라난 가시가 우리를 고슴도치로 만들고 만다. 경제 문제에서부터 진로, 취미, 연애, 결혼, 다양한 방면에서. 시나브로, 조금씩 천천히, 우리의 가시는 줄어들 수 있다. 우리가 조금 더 타인에게 다정하고 친절해진다면. 그리고 조금만 속도를 늦춘다면. 내가 고민을 털어놓자 친구가 해준 말이 있다. 너는 지금 멀리 가기 위해 멀리 도움닫기를 하는 거라고, 오래 시동을 거는 것뿐이라고.

너도 글쟁이구나. 그런데 같이 글 쓰지 않을래? 그렇게 말할 수 있는 사람이 되고 싶다. 아무리 이 사람에게서 멀어져도 가닿는 건 저 사람이다. 저 사람에게서 멀어지면 다시 이 사람에게 가닿는다. 세상은 한정되어 있고 우리는 그 안에서 쳇바퀴 돌듯 관계의 사이클을 타고 움직인다. 나는 말하고 싶다. 권유하고 싶다. 결국 손을 뻗으면 닿는 건 다른 어떤 것도 아닌 사람의 살갗이라고. 누구보다 사람과 가까워지고 싶지만 자꾸만 멀어지는 당신에게.

안 진

지구 멸망의 순간에, 블루 데이즈, 청춘, 미식가

<지구 멸망의 순간에>
-팬레터

사랑이 벼락처럼 쏟아져 내린다
불타는 오동나무의 심장도 이렇게 쪼개졌을까
된 발음으로 갈라지는 심장 사이
아무것도 흐르지 않는다

때로 별이 되지 못한 마음은
그렇게 숨을 죽이고 있다가
별안간 불이 붙고야 만다
그 뾰족한 반짝임이 송곳의 머리가 아니라
초라한 분신의 머리글이었음을

송곳이 되고 싶었는데
뚫어본 구멍이라고는
모두 내 안에 점점이 박힌 자국뿐이라
안보다 밝은 밤이
희끄무레한 빛으로 새어 들어오곤 했다
난 또, 그래서 그게 별인 줄 알았지

우주는 자꾸만 팽창하고
사랑은 가운데로 모여 자꾸만 단단해지는데
멀어지거나,
멀리하거나,
부서지거나,
결말의 결정은 미뤄지기만 하는데
공회전하며 보류의 타원으로 구성된
나의 물질세계는
어느 지문만을 기다린다

등 뒤로 뻗어나가는 원뿔을 향해
너는 가시라 부르고
나는 빛이라 부른다

기어코 등을 껴안은 나의 심장을 꿰뚫으며 밖으로,
ㅈㅓ-ㅁㅓㄴ-ㅂㅏㄱㄱ-으로 향한다

눈을 부릅뜨게 하는 고통을 나눠 먹으며
슬픈 뿔을 서로의 이름으로 읽으며
굽은 등 위로 새로 돋아나는 그 섬광의 줄기를 더듬으며
불면을 낭비한다

벼락 맞은 심장이 뻣뻣하게 굳었다
이제 모서리를 갈아내야 할 때가 왔다
낮에는 밭을 갈고 밤에는 나무 구슬을 꿰어
등을 찢고 돋아난 기도 위에 걸쳐둔다

나는 송곳이 되고 싶었고
네가 되고 싶은 것은 네가 아니었겠지만
우리가 같은 뾰족함을 결말로 두었다는 점에서
동족에서 동종이 되어간다

혹은
마주하면 서로를 멸종하게 한다는 사이일지도

어쩌면
일생 볼 수 없는 뒤편의 서로를
하염없이 바라보는 사이일지도

별이 여기로 쏟아진다는 것은 참 무서운 일이야
세상이 멸망한다는 이야기이므로
여기까지 깨달았을 때 다시 벼락이-
오는가 했더니 활활 타며 스러지는
별의 절명이 쏟아져내린다

열매처럼 다시 맺혀있던 심장이 쪼개어진다
이렇게 심장을 쪼개어 쓰다 보면
언젠가 심장이 더 맺히지 않는 날이 올까?
우주에 쓰일 내 멸종의 원인이 사랑이라니
이 얼마나 우습고 부질없는 일인지
그럼에도 나는 쏟아지는 별의 조각을
온몸으로 껴안을 것임을 안다

이번 지구의 멸망은 너에게서 시작된다

<블루 데이즈>

틈틈이 희망하고 부지런히 절망한다
그것을 생각하면 알뜰히도 슬퍼진다
퉁퉁 불어버린 발가락에도 지문이 남아 있을까
발목까지 차오른 블루에 관하여
괴로워한다

지나친 파랑波浪에 지친 블루는
이제 블루를 그만두려고 창밖으로 몸을 던진다
안타깝게도 허공이 온통 블루다
블루가 투신해 봐야 블루인 셈이다
죽지 못한 블루
다시 방 안으로 터덜터덜 걸어오는 블루
나는 그것의 머리를 쓰다듬으며 속삭인다
너는 흠이 아니라 결이야

그래도 입은 막지 마
울지 않는 법보다 불편하지 않게 우는 법이 더 익숙하다

우리가 어쩌자고 오늘을 사랑해서

어쩌면 내가 태어난 목적은 블루에 있을까
나의 필요는 외로움일지도
쓸모에 대한 쓸모를 다한 블루는 이제 무엇의 영역이 될까
불가항력
네 음절에 모든 책임을 미룬다
비겁한 블루
그렇지만 블루는 떳떳해 본 일이 없는 걸

변하고 흐르는 것이 여지없는 삶의 속성이라면 블루, 너도 흘러가게 될까?
바보야, 흐르는 것들은 다 파랑이야
그것참 절망적인 소식이네

어쩔 수 없지, 대충 웅얼거리며 발목을 닦아낸다
나중에 내가 죽으면 발가락으로 나를 확인해 줘
두 번째 발가락이 조금 더 기니까

블루는 등을 돌려 눕는다
작은 베개를 나눠 베며 밤을 묻는다
미처 검정이 되지 못한 짙은 색의 블루
저것도 블루라고 할 수 있나?
그렇다고 치자
다행이네 이 모든 게 블루라니

나누어 벤 베개가 각설탕처럼 녹는다

<청춘>

 봄이 꿈의 뺨을 갈긴다. 그렇게 얻어맞은 꿈이 간헐적으로 색색의 이파리를 토한다. 대부분 이제 색이 들기 시작한 여린 잎들이었다. 토해내는 가슴에 동그라미로 물드는 색은 푸름이었으므로 누구는 물가인가 하며 들여다보고는 했다 물기 없는 동그라미는 쉽게 흥미를 놓쳤다 그렇게 설움이 멍울져 맺히는 시기였다 몽우리는 끝내 피어나지 못하고 말아 문 입술 속에 삼켜진 사랑처럼 속으로 졌다 허공을 떠도는 사랑의 조각들 희망의 씨앗들 그런 하릴없는 것들이 손을 맞잡고 왈츠를 추며 원처럼 아래로 아래로 자꾸만 가라앉는 동안 도무지 끝나버린 사람아 하지만 다 물들기도 전에 땅으로 떨어진 이파리들이 무슨 꽃이 될 수가 있겠어요 꽃말을 갖지 못한 형태들이 하나의 카테고리로 정수리를 묶인 채 어디론가 동그랗게 내놓아진다 누구도 거기를 쳐다봐 주지 않는다 무심히 치여 넘어지는 것을 가까스로 담장에 기대어 놓는 밤. 끝내 한여름이에요 끝내 하지도 지났어요 도대체 이걸 어떻게 해야 할까요? 벌써 평생이에요 가을이 코앞이라고요 무슨 소리예요 이제 계절 같은 건 의미를 잃은 지 오래인

데요 그렇다고 저 봄투성이를 이대로 발치에 두고 살 수는 없잖아요. 심장에서 태어난 것들이 관자놀이로 주소지를 옮긴다 골치 아프게 됐다 새벽의 길가에서 누구라도 주워가라며 내놓은 붉은 것들이 언제 이렇게 파랗게 질려 죽어 있었나 저것도 푸르다고 부를 수가 있는가 이제 곧 검게 썩어버리겠는 걸 왜 짙어지는 것들은 하염없이 검정에 가까워지는 일인지 좌우를 알아볼 수 없게 만드는지 골몰하다 못해 거기에 코를 박고 죽음을 들이키게 만드는지 알 수 없는 일이에요 그렇게 알 수 없는 일들이 흐드러지는 게 눈 깜빡할 새의 일이지요 일생 단 한 번의 때를 지나가며 울음소리 하나 없이 사라지는 비정형의 궤도, 새장은 내내 녹슬어 있었는데 말이에요 새가 두고 간 알을 깨기 위해서는 껍데기 대신 가슴을 내리쳐야 한다는 것을 이제는 안다. 아무래도 이제 곧 봄이 오겠군요 자꾸만 돌아오는 것은 봄의 속성이고 여기에서 벗어나지 못한 채 뺨이나 문지르며 서성이는 것은 나의 천성이라, 이쯤에서 잘 아문 뺨을 준비해 두어야겠어요. 이내 아쉬운 것이라고는 손수건 끝에 새기지 못한 이름뿐, 눈 밑으로 겹쳐 쥔 손을 우산처럼 받쳐 들었다

완연했다

<미식가>

가장 맛있는 건 나중에 먹을래
그렇게 빼앗긴 딸기가 한 트럭은 된다

그래도 나는 가장 맛있는 것을
가장 먼저 먹는 일 같은 건 할 수가 없어

포크는 희망을 쪼개는 일에 더 적합하지

가장 먼저 딸기를 찍어 드는 장면은 과하게 폭력적이다
남김없이 사라진 딸기의 흔적은
정수리가 폭 눌린 생크림만이 기억한다
아, 이것은
능력 밖의 일
딸기의 향이 겨우 묻어 있는 크림을 삼키는 것은 범인의 일

그렇게 놓친 딸기의 이름을 헤아린다

온갖 이름이 붙어 값을 달리한 희망의 붉은 얼굴
그래, 애초에 그 딸기는 내 것이 아니었을지 몰라
내게 올 딸기는 아직 여물지 않았을지도

양손에 쥔 포크와 손바닥 사이로 땀이 밴다
언제쯤 내 몫의 딸기를
의심 없이 동그란 희망의 과육을
남김없이 목구멍에 밀어 넣을 수 있을까

기다림은 미식가의 숙명
그리하여 가장 맛있는 딸기를
가장 마지막에 먹고 말 거야

아무도 남지 않은 식당
정중한 퇴점 요청
마지못한 귀가 시간이 돌아온다
주머니에 찔러넣은 손가락 사이로 달큼한 냄새가 맴돈다

다 뭉개진 채 나를 보고 웃는
야, 딸기!
거기 있었으면 미리 알려주지 그랬어

나의 이야기

맺는 글

외로움의 시대를 건너는 방법

 우리가 살고 있는 시대를 '외로움'으로 규정하는 건 더 이상 낯설지 않다. 다들 우리 시대가 외롭다는 걸 알고 있다. 같은 건물에 살아도 이웃 한 명 모르는 게 일상이고, 삶을 '함께한다'는 느낌을 주는 친구는 점점 사라지고 있다. 모든 시대가 그렇듯, 우리 시대에도 이런 현상을 가장 앞에서 정면으로 마주하고 있는 건 청년들이다. 청년들은 마치 선봉대처럼 이러한 외로움을 온몸으로 맞이하며 살고 있다.

 그렇지만 어떤 사람도 사람 없이는 살 수 없다. 우리는 때로 친구와의 약속도 귀찮아서, 주말에 넷플릭스나 보는 걸 선호한다. 약속이 취소되면 기뻐하며 유튜브나 보는 걸 즐거워한다는 '밈'은 이미 유명하다. 다들 눈앞에 있는 사람을 바라보고, 만나서 숨결을 나누며, 눈빛을 마주치는 것보다는 목이 꺾일 정도로 고개를 푹 숙인 채 스마트폰을 들여다보는 걸 선호한다. 이러한 선호가 '진짜 취향'인지 어쩔 수 없는, 혹은 강요된 고립인지는 확실히 고민해 볼 만하다.

 이 책에는 우리 시대 외로움의 문제를 통과하며, 사람, 관계, 삶에 대해 생각하는 청년들의 이야기가 담겨 있다. 한 청년은 친구에게 맞추려다 결국 멀어져 버린 경험을 고백한다. 가까워지려는 진심이 오히려 벽이 되어 돌아오는 경험은 아마도 많은 청년들이 겪는 감정일 것이다. 관계를 유지하고 싶어서 자신을 꾸역꾸역 눌렀지만, 결국 그 억눌림이 오히려 둘 사이의 거리를 벌려놓았다는 이야기 속에는, '가까움은 솔직함에서 비롯된다'는 단순하지만 잊히기 쉬운 진실이 담겨 있다.

다른 장에서는 예술과 일을 둘러싼 소설의 형태로 관계의 어려움을 풀어내기도 한다. 함께 예술을 꿈꾸던 친구가 직업적 파트너가 되었을 때, 과거의 우정과 현재의 이해관계는 어떻게 부딪히는가. 예술가와 기획자의 미묘한 긴장, 친구였던 시절의 따뜻한 기억과 당장의 성과를 둘러싼 냉정한 계산 사이에서 주인공은 갈등한다. 그 서사는 단순한 픽션을 넘어, 청년 세대가 현실 속에서 마주하는 불안과 모순을 상징한다.

또 다른 글에서는 인간관계에서 주고받는 상처를 피하려 애쓰는 대신, 상처가 결국 뭉툭해지는 과정을 담담히 말한다. '어차피 가시는 뭉툭해질 테니까'라는 문장은, 인간이 서로를 다치게 하면서도 이어져야 하는 존재라는 사실을 받아들이게 만든다. 여기에는 관계를 견디며 단단해져 가는 회복의 과정이 함께 깃들어 있다.

이 책의 형식은 단순한 수필집에 머물지 않는다. 어떤 글은 짧은 단상처럼 흘러가고, 또 다른 글은 서사적 구조를 가진 소설의 형태로 확장되며, 어떤 장에서는 일기나 고백문에 가까운 목소리가 이어진다. 형식의 다채로움만큼이나 관계를 바라보는 시선도 다층적이다. 타인에게 다가가는 일의 설렘과 두려움, 관계에서 피로와 해방감을 동시에 느끼는 모순, 상처를 주고받으면서도 여전히 사람을 포기하지 못하는 애정이 서로 교차한다.

마지막에 이르러서는, 여전히 '계속 다쳐볼 존재에 대한 애정'이 남아있다는 고백이 등장한다. 청춘의 친구들, 술자리의 대화, 사회의 냉정한 상처 속에서도, 우리는 사람을 포기하지 않는다. 다치고 또 다쳐도, 다시 관계 속으로 돌아가는 이유는 결국 그 속에서만 삶이 비로소 의미를 얻기 때문이다. 관계는 피로하고 고단하지만, 동시에 우리를 다시 일으켜 세우는 힘도 관계에서 온다.

이 책에는 우리 시대 청년들이 마주한 외로움과 관계의 문제를 통과해 나가며 발견한 사유와 깨달음, 그리고 여전히 타인을 향해 내미는 손길이 담겨 있다. 이 책은 단순히 '외로운 세대의 보고서'가 아니라, 외로움 속에서도 여전히 사람을 찾는 세대의 기록이다. 하나 확실한 것은, 우리 사회가 이러한 이야기들 하나하나에 진정 어린 관심을 기울일 때, 이 '외로움의 시대'를 지나갈 최소한의 여지를 얻게 된다는 점이다. 이 글들이 이 글을 마주하는 모든 이들에게 하나의 선물이 되리라 믿어 의심치 않으면서, 시대를 건너는 모든 청년들을 응원하는 마음을 남긴다.

사단법인 오늘은 이사장, 정지우

'청년zip중' 프로젝트는 매 순간 다른 모양을 띕니다. 공모를 통해 수백 명의 청년 이야기를 받습니다. 그때 이야기는 문자로만 존재합니다. 그러다 수백 개의 이야기 중, '오늘은'이 전달하고자 하는 아홉 개의 이야기를 선정하는 순간, 그 문자들이 '오늘은'과 연결됩니다.

 그리고 이야기 속 청년들과 청년예술가가 만나게 되면, 개인의 이야기였던 이야기는 둘의 이야기가 됩니다. 새로운 사람을 만나 내 삶과 깊이 닿아있는 이야기를 나누는 일이 얼마나 가능할까요. 우리는 이제 사랑과 네트워킹 같은 특정한 목적 없이는, 더 이상 자신의 이야기를 쉽게 꺼내지 못하는 세상에 살고 있습니다. 그렇게 둘의 이야기가 된 이야기는, 청년예술가들의 작품을 통해 이제 우리 모두의 이야기로 퍼져나갑니다.

 올 한해를 함께했던 여러 얼굴이 스쳐 지나갑니다. 긴장과 설렘이 교차하던 얼굴들, 대화를 나눌 때 내향적인 자신을 이겨내며 용기 내어 말을 이어가던 얼굴들, 처음 마주한 사람과 예상치 못한 연결성을 발견하고 마음이 이어지던 얼굴들입니다.

 문자로만 존재하던 이야기가 둘의 이야기가 되고, 또 우리의 이야기가 되는 이 순간이 저에게는 작은 기적처럼 느껴집니다. '오늘은'이 청년을 위해 일한다고 모두들 생각하시겠지만, 사실 어쩌면 그 연결의 힘을 가장 크게 느끼는 사람은 저 자신일지도 모릅니다.

 부디 이 책을 읽고 계신 여러분도 제가 느꼈던, 잔잔하지만 오래도록 마음에 남을 작은 울림을 발견하셨기를 바랍니다. 이 책이 나오기까지 마주했던 모든 따뜻한 얼굴들에게 감사드립니다.

'청년zip중' 프로젝트 담당자
사단법인 오늘은 심다솜 선임매니저

<청년zip중> 프로젝트는
청년예술인의 작품을 통해서 사회 속에서 다양한 모습과 가치를 가지고 살아가는 청년들의 이야기를 알리는 <사단법인 오늘은>의 프로젝트입니다.

<사단법인 오늘은>은
2019년 창간 20주년을 맞은 (주)대학내일 법인과 임직원이 청년에 대한 사회 기여의지로 설립한 문화예술 비영리 사단법인입니다.

2025년, 가까움과 멀어짐 사이 '고슴도치 청년'의 화두를 다뤘습니다.
관계 속 친밀함을 원하면서도 동시에 적당한 거리를 두고 싶어 하는 모순적인 심리 상태 '고슴도치 딜레마'를 경험하며 다양한 관계의 형태 속에서 고민하는 청년들의 이야기를 공모하였습니다. 공모를 통해 선정된 9개의 청년 이야기에 9인의 청년예술가가 자신만의 방식으로 답장을 보냈습니다.

책 <서로를 다치게 하지 않고 살아가는 중>은
공모를 통해 선정된 청년들의 이야기 9편과 그에 대해 답장을 보낸 9명의 청년예술가의 작품을 실었습니다.

[프로젝트에 함께 한 사람들]
강국현 | 심다솜 | 김은혜 | 민주희

[프로젝트에 참여한 9인의 청년]
단우 | 오다정 | 장아연 | 김다솔 | 최현성 | 김범화 | 서민영 | 박이수 | 김성호

[프로젝트에 참여한 9인의 신진 예술가]
이학민 | 지월 | 이한솔 | 서윤 | 오승진 | 무구 | 권현우 | 은진송 | 안진

[사단법인 오늘은]
서울시 마포구 독막로 331 마스터즈타워 4층 | oneul@oneul.or.kr | 02-6958-1960

서로를 다치게 하지 않고 살아가는 중
9인의 청년과 9인의 작가가 함께 쓴 관계의 기록

ⓒ282books 2025

초판 1쇄　2025년 11월 2일

책임편집　강미선
책임디자인　박소연

펴 낸 곳　주식회사 282북스
주　　소　서울시 영등포구 양평로 90, 503호
문　　의　contact@282story.com ｜ 010-9696-3977
출판등록　제2020-000067호 (2019년 9월 17일)
I S B N　979-11-988395-5-8 (03810)

*이 책은 저작권법에 따라 보호받는 저작물이므로 무단 전재와 무단 복제를 금합니다.
*이 책의 전부 또는 일부를 이용하려면 반드시 저자와 ㈜282북스, 사단법인 오늘은의 동의를 받아야 합니다.